Georg Trakl

Gesammelte

Gedichte und Prosa

Georg Trakl: Gesammelte Gedichte und Prosa

Gedichte (Ausgabe 1913):

Entstanden 1909-1913. Erstdruck: Leipzig (Kurt Wolff) 1913. Einzelne Gedichte wurden zuvor bereits in Zeitschriften, vor allem in »Der Brenner« (Innsbruck), publiziert.

Sebastian im Traum:

Entstanden 1912-1914. Erstdruck: Leipzig (Kurt Wolff) 1914 (recte 1915). Die Mehrzahl der Gedichte wurde zuvor bereits im »Brenner« publiziert.

Veröffentlichungen im »Brenner« 1914-15:

Entstanden 1914. Erstdruck in: Der Brenner (Innsbruck), Bd. 8, 1914 bzw. in: Brenner- Jahrbuch 1915, Innsbruck 1915.

Sonstige Gedichtveröffentlichungen:

Erstdruck zwischen 1908 und 1914.

Traumland. Eine Episode:

Erstdruck in: Salzburger Volksblatt, 12.5. 1906.

Aus goldenem Kelch. Barrabas:

Erstdruck in: Salzburger Volksblatt, 30.6. 1906.

Aus goldenem Kelch. Maria Magdalena:

Erstdruck in: Salzburger Volksblatt, 14.7.1906.

Verlassenheit:

Erstdruck in: Salzburger Zeitung, 20.12.1906.

Neuausgabe mit einer Biographie des Autors
Herausgegeben von Karl-Maria Guth
Berlin 2016

Der Text dieser Ausgabe folgt:
Georg Trakl: Das dichterische Werk. Auf Grund der historisch-kritischen Ausgabe von Walther Killy und Hans Szklenar bearbeitet von Friedrich Kur, München: Deutscher Taschenbuchverlag, 1972.

Die Paginierung obiger Ausgabe wird hier als Marginalie zeilengenau mitgeführt.

Umschlaggestaltung von Thomas Schultz-Overhage

Gesetzt aus der Minion Pro, 11 pt

Verlag: Henricus - Edition Deutsche Klassik GmbH
Mörchinger Str. 33, 14169 Berlin, info@henricus-verlag.de
Druck: Libri Plureos GmbH, Friedensallee 273, 22763 Hamburg

Die Ausgaben der Sammlung Hofenberg basieren auf zuverlässigen Textgrundlagen. Die Seitenkonkordanz zu anerkannten Studienausgaben machen Hofenbergtexte auch in wissenschaftlichem Zusammenhang zitierfähig.

ISBN 978-3-8430-9175-6

Bibliografische Information der Deutschen Nationalbibliothek

Die Deutsche Nationalbibliothek verzeichnet diese Publikation in der Deutschen Nationalbibliografie; detaillierte bibliografische Daten sind im Internet über www.dnb.de abrufbar.

Inhalt

Gedichte

(Ausgabe 1913)

Die Raben

Über den schwarzen Winkel hasten
Am Mittag die Raben mit hartem Schrei.
Ihr Schatten streift an der Hirschkuh vorbei
Und manchmal sieht man sie mürrisch rasten.

O wie sie die braune Stille stören,
In der ein Acker sich verzückt,
Wie ein Weib, das schwere Ahnung berückt,
Und manchmal kann man sie keifen hören

Um ein Aas, das sie irgendwo wittern,
Und plötzlich richten nach Nord sie den Flug
Und schwinden wie ein Leichenzug
In Lüften, die von Wollust zittern.

Die junge Magd

Ludwig von Ficker zugeeignet

1

Oft am Brunnen, wenn es dämmert,
Sieht man sie verzaubert stehen
Wasser schöpfen, wenn es dämmert.
Eimer auf und nieder gehen.

In den Buchen Dohlen flattern
Und sie gleichet einem Schatten.

Ihre gelben Haare flattern
Und im Hofe schrein die Ratten.

Und umschmeichelt von Verfalle
Senkt sie die entzundenen Lider.
Dürres Gras neigt im Verfalle
Sich zu ihren Füßen nieder.

2

Stille schafft sie in der Kammer
Und der Hof liegt längst verödet.
Im Hollunder vor der Kammer
Kläglich eine Amsel flötet.

Silbern schaut ihr Bild im Spiegel
Fremd sie an im Zwielichtscheine
Und verdämmert fahl im Spiegel
Und ihr graut vor seiner Reine.

Traumhaft singt ein Knecht im Dunkel
Und sie starrt von Schmerz geschüttelt.
Röte träufelt durch das Dunkel.
Jäh am Tor der Südwind rüttelt.

3

Nächtens übern kahlen Anger
Gaukelt sie in Fieberträumen.
Mürrisch greint der Wind im Anger
Und der Mond lauscht aus den Bäumen.

Balde rings die Sterne bleichen
Und ermattet von Beschwerde
Wächsern ihre Wangen bleichen.
Fäulnis wittert aus der Erde.

Traurig rauscht das Rohr im Tümpel
Und sie friert in sich gekauert.
Fern ein Hahn kräht. Übern Tümpel
Hart und grau der Morgen schauert.

4

In der Schmiede dröhnt der Hammer
Und sie huscht am Tor vorüber.
Glührot schwingt der Knecht den Hammer
Und sie schaut wie tot hinüber.

Wie im Traum trifft sie ein Lachen;
Und sie taumelt in die Schmiede,
Scheu geduckt vor seinem Lachen,
Wie der Hammer hart und rüde.

Hell versprühn im Raum die Funken
Und mit hilfloser Geberde
Hascht sie nach den wilden Funken
Und sie stürzt betäubt zur Erde.

5

Schmächtig hingestreckt im Bette
Wacht sie auf voll süßem Bangen
Und sie sieht ihr schmutzig Bette
Ganz von goldnem Licht verhangen,

Die Reseden dort am Fenster
Und den bläulich hellen Himmel.
Manchmal trägt der Wind ans Fenster
Einer Glocke zag Gebimmel.

Schatten gleiten übers Kissen,
Langsam schlägt die Mittagsstunde
Und sie atmet schwer im Kissen
Und ihr Mund gleicht einer Wunde.

6

Abends schweben blutige Linnen,
Wolken über stummen Wäldern,
Die gehüllt in schwarze Linnen.
Spatzen lärmen auf den Feldern.

Und sie liegt ganz weiß im Dunkel.
Unterm Dach verhaucht ein Girren.
Wie ein Aas in Busch und Dunkel
Fliegen ihren Mund umschwirren.

Traumhaft klingt im braunen Weiler
Nach ein Klang von Tanz und Geigen,
Schwebt ihr Antlitz durch den Weiler,
Weht ihr Haar in kahlen Zweigen.

Romanze zur Nacht

Einsamer unterm Sternenzelt
Geht durch die stille Mitternacht.
Der Knab aus Träumen wirr erwacht,
Sein Antlitz grau im Mond verfällt.

Die Närrin weint mit offnem Haar
Am Fenster, das vergittert starrt.
Im Teich vorbei auf süßer Fahrt
Ziehn Liebende sehr wunderbar.

Der Mörder lächelt bleich im Wein,
Die Kranken Todesgrausen packt.
Die Nonne betet wund und nackt
Vor des Heilands Kreuzespein.

Die Mutter leis' im Schlafe singt.
Sehr friedlich schaut zur Nacht das Kind

11

Mit Augen, die ganz wahrhaft sind.
Im Hurenhaus Gelächter klingt.

Beim Talglicht drunt' im Kellerloch
Der Tote malt mit weißer Hand
Ein grinsend Schweigen an die Wand.
Der Schläfer flüstert immer noch.

Im roten Laubwerk voll Guitarren

Im roten Laubwerk voll Guitarren
Der Mädchen gelbe Haare wehen
Am Zaun, wo Sonnenblumen stehen.
Durch Wolken fährt ein goldner Karren.

In brauner Schatten Ruh verstummen
Die Alten, die sich blöd umschlingen.
Die Waisen süß zur Vesper singen.
In gelben Dünsten Fliegen summen.

Am Bache waschen noch die Frauen.
Die aufgehängten Linnen wallen.
Die Kleine, die mir lang gefallen,
Kommt wieder durch das Abendgrauen.

Vom lauen Himmel Spatzen stürzen
In grüne Löcher voll Verwesung.
Dem Hungrigen täuscht vor Genesung
Ein Duft von Brot und herben Würzen.

Musik im Mirabell

Ein Brunnen singt. Die Wolken stehn
Im klaren Blau, die weißen, zarten.
Bedächtig stille Menschen gehn
Am Abend durch den alten Garten.

Der Ahnen Marmor ist ergraut.
Ein Vogelzug streift in die Weiten.
Ein Faun mit toten Augen schaut
Nach Schatten, die ins Dunkel gleiten.

Das Laub fällt rot vom alten Baum
Und kreist herein durchs offne Fenster.
Ein Feuerschein glüht auf im Raum
Und malet trübe Angstgespenster.

Ein weißer Fremdling tritt ins Haus.
Ein Hund stürzt durch verfallene Gänge.
Die Magd löscht eine Lampe aus,
Das Ohr hört nachts Sonatenklänge.

Melancholie des Abends

– Der Wald, der sich verstorben breitet –
Und Schatten sind um ihn, wie Hecken.
Das Wild kommt zitternd aus Verstecken,
Indes ein Bach ganz leise gleitet

Und Farnen folgt und alten Steinen
Und silbern glänzt aus Laubgewinden.
Man hört ihn bald in schwarzen Schlünden –
Vielleicht, daß auch schon Sterne scheinen.

Der dunkle Plan scheint ohne Maßen,
Verstreute Dörfer, Sumpf und Weiher,

Und etwas täuscht dir vor ein Feuer.
Ein kalter Glanz huscht über Straßen.

Am Himmel ahnet man Bewegung,
Ein Heer von wilden Vögeln wandern
Nach jenen Ländern, schönen, andern.
Es steigt und sinkt des Rohres Regung.

Winterdämmerung

An Max von Esterle

Schwarze Himmel von Metall.
Kreuz in roten Stürmen wehen
Abends hungertolle Krähen
Über Parken gram und fahl.

Im Gewölk erfriert ein Strahl;
Und vor Satans Flüchen drehen
Jene sich im Kreis und gehen
Nieder siebenfach an Zahl.

In Verfaultem süß und schal
Lautlos ihre Schnäbel mähen.
Häuser dräu'n aus stummen Nähen;
Helle im Theatersaal.

Kirchen, Brücken und Spital
Grauenvoll im Zwielicht stehen.
Blutbefleckte Linnen blähen
Segel sich auf dem Kanal.

Rondel

Verflossen ist das Gold der Tage,
Des Abends braun und blaue Farben:
Des Hirten sanfte Flöten starben
Des Abends blau und braune Farben
Verflossen ist das Gold der Tage.

14

Frauensegen

Schreitest unter deinen Frau'n
Und du lächelst oft beklommen:
Sind so bange Tage kommen.
Weiß verblüht der Mohn am Zaun.

Wie dein Leib so schön geschwellt
Golden reift der Wein am Hügel.
Ferne glänzt des Weihers Spiegel
Und die Sense klirrt im Feld.

In den Büschen rollt der Tau,
Rot die Blätter niederfließen.
Seine liebe Frau zu grüßen
Naht ein Mohr dir braun und rauh.

Die schöne Stadt

Alte Plätze sonnig schweigen.
Tief in Blau und Gold versponnen
Traumhaft hasten sanfte Nonnen
Unter schwüler Buchen Schweigen.

Aus den braun erhellten Kirchen
Schaun des Todes reine Bilder,

Großer Fürsten schöne Schilder.
Kronen schimmern in den Kirchen.

Rösser tauchen aus dem Brunnen.
Blütenkrallen drohn aus Bäumen.
Knaben spielen wirr von Träumen
Abends leise dort am Brunnen.

Mädchen stehen an den Toren,
Schauen scheu ins farbige Leben.
Ihre feuchten Lippen beben
Und sie warten an den Toren.

Zitternd flattern Glockenklänge,
Marschtakt hallt und Wacherufen.
Fremde lauschen auf den Stufen.
Hoch im Blau sind Orgelklänge.

Helle Instrumente singen.
Durch der Gärten Blätterrahmen
Schwirrt das Lachen schöner Damen.
Leise junge Mütter singen.

Heimlich haucht an blumigen Fenstern
Duft von Weihrauch, Teer und Flieder.
Silbern flimmern müde Lider
Durch die Blumen an den Fenstern.

In einem verlassenen Zimmer

Fenster, bunte Blumenbeeten,
Eine Orgel spielt herein.
Schatten tanzen an Tapeten,
Wunderlich ein toller Reihn.

Lichterloh die Büsche wehen
Und ein Schwarm von Mücken schwingt.

Fern im Acker Sensen mähen
Und ein altes Wasser singt.

Wessen Atem kommt mich kosen?
Schwalben irre Zeichen ziehn.
Leise fließt im Grenzenlosen
Dort das goldne Waldland hin.

Flammen flackern in den Beeten.
Wirr verzückt der tolle Reihn
An den gelblichen Tapeten.
Jemand schaut zur Tür herein.

Weihrauch duftet süß und Birne
Und es dämmern Glas und Truh.
Langsam beugt die heiße Stirne
Sich den weißen Sternen zu.

An den Knaben Elis

Elis, wenn die Amsel im schwarzen Wald ruft,
Dieses ist dein Untergang.
Deine Lippen trinken die Kühle des blauen Felsenquells.

Laß, wenn deine Stirne leise blutet
Uralte Legenden
Und dunkle Deutung des Vogelflugs.

Du aber gehst mit weichen Schritten in die Nacht,
Die voll purpurner Trauben hängt
Und du regst die Arme schöner im Blau.

Ein Dornenbusch tönt,
Wo deine mondenen Augen sind.
O, wie lange bist, Elis, du verstorben.

Dein Leib ist eine Hyazinthe,
In die ein Mönch die wächsernen Finger taucht.
Eine schwarze Höhle ist unser Schweigen,

Daraus bisweilen ein sanftes Tier tritt
Und langsam die schweren Lider senkt.
Auf deine Schläfen tropft schwarzer Tau,

Das letzte Gold verfallener Sterne.

Der Gewitterabend

O die roten Abendstunden!
Flimmernd schwankt am offenen Fenster
Weinlaub wirr ins Blau gewunden,
Drinnen nisten Angstgespenster.

Staub tanzt im Gestank der Gossen.
Klirrend stößt der Wind in Scheiben.
Einen Zug von wilden Rossen
Blitze grelle Wolken treiben.

Laut zerspringt der Weiherspiegel.
Möven schrein am Fensterrahmen.
Feuerreiter sprengt vom Hügel
Und zerschellt im Tann zu Flammen.

Kranke kreischen im Spitale.
Bläulich schwirrt der Nacht Gefieder.
Glitzernd braust mit einem Male
Regen auf die Dächer nieder.

Abendmuse

Ans Blumenfenster wieder kehrt des Kirchturms Schatten
Und Goldnes. Die heiße Stirn verglüht in Ruh und Schweigen.
Ein Brunnen fällt im Dunkel von Kastanienzweigen –
Da fühlst du: es ist gut! in schmerzlichem Ermatten.

Der Markt ist leer von Sommerfrüchten und Gewinden.
Einträchtig stimmt der Tore schwärzliches Gepränge.
In einem Garten tönen sanften Spieles Klänge,
Wo Freunde nach dem Mahle sich zusammenfinden.

Des weißen Magiers Märchen lauscht die Seele gerne.
Rund saust das Korn, das Mäher nachmittags geschnitten.
Geduldig schweigt das harte Leben in den Hütten;
Der Kühe linden Schlaf bescheint die Stallaterne.

Von Lüften trunken sinken balde ein die Lider
Und öffnen leise sich zu fremden Sternenzeichen.
Endymion taucht aus dem Dunkel alter Eichen
Und beugt sich über trauervolle Wasser nieder.

Traum des Bösen

Verhallend eines Gongs braungoldne Klänge –
Ein Liebender erwacht in schwarzen Zimmern
Die Wang' an Flammen, die im Fenster flimmern.
Am Strome blitzen Segel, Masten, Stränge.

Ein Mönch, ein schwangres Weib dort im Gedränge.
Guitarren klimpern, rote Kittel schimmern.
Kastanien schwül in goldnem Glanz verkümmern;
Schwarz ragt der Kirchen trauriges Gepränge.

18

Aus bleichen Masken schaut der Geist des Bösen.
Ein Platz verdämmert grauenvoll und düster;
Am Abend regt auf Inseln sich Geflüster.

Des Vogelfluges wirre Zeichen lesen
Aussätzige, die zur Nacht vielleicht verwesen.
Im Park erblicken zitternd sich Geschwister.

Geistliches Lied

Zeichen, seltne Stickerein
Malt ein flatternd Blumenbeet.
Gottes blauer Odem weht
In den Gartensaal herein,
Heiter ein.
Ragt ein Kreuz im wilden Wein.

Hör' im Dorf sich viele freun,
Gärtner an der Mauer mäht,
Leise eine Orgel geht,
Mischet Klang und goldenen Schein,
Klang und Schein.
Liebe segnet Brot und Wein.

Mädchen kommen auch herein
Und der Hahn zum letzten kräht.
Sacht ein morsches Gitter geht
Und in Rosen Kranz und Reihn,
Rosenreihn
Ruht Maria weiß und fein.

Bettler dort am alten Stein
Scheint verstorben im Gebet,
Sanft ein Hirt vom Hügel geht
Und ein Engel singt im Hain,
Nah im Hain
Kinder in den Schlaf hinein.

Im Herbst

Die Sonnenblumen leuchten am Zaun,
Still sitzen Kranke im Sonnenschein.
Im Acker mühn sich singend die Frau'n,
Die Klosterglocken läuten darein.

Die Vögel sagen dir ferne Mär',
Die Klosterglocken läuten darein.
Vom Hof tönt sanft die Geige her.
Heut keltern sie den braunen Wein.

Da zeigt der Mensch sich froh und lind.
Heut keltern sie den braunen Wein.
Weit offen die Totenkammern sind
Und schön bemalt vom Sonnenschein.

Zu Abend mein Herz

Am Abend hört man den Schrei der Fledermäuse.
Zwei Rappen springen auf der Wiese.
Der rote Ahorn rauscht.
Dem Wanderer erscheint die kleine Schenke am Weg.
Herrlich schmecken junger Wein und Nüsse.
Herrlich: betrunken zu taumeln in dämmernden Wald.
Durch schwarzes Geäst tönen schmerzliche Glocken.
Auf das Gesicht tropft Tau.

Die Bauern

Vorm Fenster tönendes Grün und Rot.
Im schwarzverräucherten, niederen Saal
Sitzen die Knechte und Mägde beim Mahl;
Und sie schenken den Wein und sie brechen das Brot.

Im tiefen Schweigen der Mittagszeit
Fällt bisweilen ein karges Wort.
Die Äcker flimmern in einem fort
Und der Himmel bleiern und weit.

Fratzenhaft flackert im Herd die Glut
Und ein Schwarm von Fliegen summt.
Die Mägde lauschen blöd und verstummt
Und ihre Schläfen hämmert das Blut.

Und manchmal treffen sich Blicke voll Gier,
Wenn tierischer Dunst die Stube durchweht.
Eintönig spricht ein Knecht das Gebet
Und ein Hahn kräht unter der Tür.

Und wieder ins Feld. Ein Grauen packt
Sie oft im tosenden Ährengebraus
Und klirrend schwingen ein und aus
Die Sensen geisterhaft im Takt.

Allerseelen

An Karl Hauer

Die Männlein, Weiblein, traurige Gesellen,
Sie streuen heute Blumen blau und rot
Auf ihre Grüfte, die sich zag erhellen.
Sie tun wie arme Puppen vor dem Tod.

O! wie sie hier voll Angst und Demut scheinen,
Wie Schatten hinter schwarzen Büschen stehn.
Im Herbstwind klagt der Ungebornen Weinen,
Auch sieht man Lichter in der Irre gehn.

Das Seufzen Liebender haucht in Gezweigen
Und dort verwest die Mutter mit dem Kind.

Unwirklich scheinet der Lebendigen Reigen
Und wunderlich zerstreut im Abendwind.

Ihr Leben ist so wirr, voll trüber Plagen.
Erbarm' dich Gott der Frauen Höll' und Qual,
Und dieser hoffnungslosen Todesklagen.
Einsame wandeln still im Sternensaal.

Melancholie

Bläuliche Schatten. O ihr dunklen Augen,
Die lang mich anschaun im Vorübergleiten.
Guitarrenklänge sanft den Herbst begleiten
Im Garten, aufgelöst in braunen Laugen.
Des Todes ernste Düsternis bereiten
Nymphische Hände, an roten Brüsten saugen
Verfallne Lippen und in schwarzen Laugen
Des Sonnenjünglings feuchte Locken gleiten.

Seele des Lebens

Verfall, der weich das Laub umdüstert,
Es wohnt im Wald sein weites Schweigen.
Bald scheint ein Dorf sich geisterhaft zu neigen.
Der Schwester Mund in schwarzen Zweigen flüstert.

Der Einsame wird bald entgleiten,
Vielleicht ein Hirt auf dunklen Pfaden.
Ein Tier tritt leise aus den Baumarkaden,
Indes die Lider sich vor Gottheit weiten.

Der blaue Fluß rinnt schön hinunter,
Gewölke sich am Abend zeigen;
Die Seele auch in engelhaftem Schweigen.
Vergängliche Gebilde gehen unter.

Verklärter Herbst

Gewaltig endet so das Jahr
Mit goldnem Wein und Frucht der Gärten.
Rund schweigen Wälder wunderbar
Und sind des Einsamen Gefährten.

Da sagt der Landmann: Es ist gut.
Ihr Abendglocken lang und leise
Gebt noch zum Ende frohen Mut.
Ein Vogelzug grüßt auf der Reise.

Es ist der Liebe milde Zeit.
Im Kahn den blauen Fluß hinunter
Wie schön sich Bild an Bildchen reiht –
Das geht in Ruh und Schweigen unter.

Winkel am Wald

An Karl Minnich

Braune Kastanien. Leise gleiten die alten Leute
In stilleren Abend; weich verwelken schöne Blätter.
Am Friedhof scherzt die Amsel mit dem toten Vetter,
Angelen gibt der blonde Lehrer das Geleite.

Des Todes reine Bilder schaun von Kirchenfenstern;
Doch wirkt ein blutiger Grund sehr trauervoll und düster.
Das Tor blieb heut verschlossen. Den Schlüssel hat der Küster.
Im Garten spricht die Schwester freundlich mit Gespenstern.

In alten Kellern reift der Wein ins Goldne, Klare.
Süß duften Äpfel. Freude glänzt nicht allzu ferne.
Den langen Abend hören Kinder Märchen gerne;
Auch zeigt sich sanftem Wahnsinn oft das Goldne, Wahre.

Das Blau fließt voll Reseden; in Zimmern Kerzenhelle.
Bescheidenen ist ihre Stätte wohl bereitet.
Den Saum des Walds hinab ein einsam Schicksal gleitet;
Die Nacht erscheint, der Ruhe Engel, auf der Schwelle.

Im Winter

Der Acker leuchtet weiß und kalt.
Der Himmel ist einsam und ungeheuer.
Dohlen kreisen über dem Weiher
Und Jäger steigen nieder vom Wald.

Ein Schweigen in schwarzen Wipfeln wohnt.
Ein Feuerschein huscht aus den Hütten.
Bisweilen schellt sehr fern ein Schlitten
Und langsam steigt der graue Mond.

Ein Wild verblutet sanft am Rain
Und Raben plätschern in blutigen Gossen.
Das Rohr bebt gelb und aufgeschossen.
Frost, Rauch, ein Schritt im leeren Hain.

In ein altes Stammbuch

Immer wieder kehrst du Melancholie,
O Sanftmut der einsamen Seele.
Zu Ende glüht ein goldener Tag.

Demutsvoll beugt sich dem Schmerz der Geduldige
Tönend von Wohllaut und weichem Wahnsinn.
Siehe! es dämmert schon.

Wieder kehrt die Nacht und klagt ein Sterbliches
Und es leidet ein anderes mit.

Schaudernd unter herbstlichen Sternen
Neigt sich jährlich tiefer das Haupt.

Verwandlung

Entlang an Gärten, herbstlich, rotversengt:
Hier zeigt im Stillen sich ein tüchtig Leben.
Des Menschen Hände tragen braune Reben,
Indes der sanfte Schmerz im Blick sich senkt.

Am Abend: Schritte gehn durch schwarzes Land
Erscheinender in roter Buchen Schweigen.
Ein blaues Tier will sich vorm Tod verneigen
Und grauenvoll verfällt ein leer Gewand.

Geruhiges vor einer Schenke spielt,
Ein Antlitz ist berauscht ins Gras gesunken.
Holunderfrüchte, Flöten weich und trunken,
Resedenduft, der Weibliches umspült.

Kleines Konzert

Ein Rot, das traumhaft dich erschüttert –
Durch deine Hände scheint die Sonne.
Du fühlst dein Herz verrückt vor Wonne
Sich still zu einer Tat bereiten.

In Mittag strömen gelbe Felder.
Kaum hörst du noch der Grillen Singen,
Der Mäher hartes Sensenschwingen.
Einfältig schweigen goldene Wälder.

Im grünen Tümpel glüht Verwesung.
Die Fische stehen still. Gotts Odem
Weckt sacht ein Saitenspiel im Brodem.
Aussätzigen winkt die Flut Genesung.

Geist Dädals schwebt in blauen Schatten,
Ein Duft von Milch in Haselzweigen.
Man hört noch lang den Lehrer geigen,
Im leeren Hof den Schrei der Ratten.

Im Krug an scheußlichen Tapeten
Blühn kühlere Violenfarben.
Im Hader dunkle Stimmen starben,
Narziß im Endakkord von Flöten.

Menschheit

Menschheit vor Feuerschlünden aufgestellt,
Ein Trommelwirbel, dunkler Krieger Stirnen,
Schritte durch Blutnebel; schwarzes Eisen schellt,
Verzweiflung, Nacht in traurigen Gehirnen:
Hier Evas Schatten, Jagd und rotes Geld.
Gewölk, das Licht durchbricht, das Abendmahl.
Es wohnt in Brot und Wein ein sanftes Schweigen
Und jene sind versammelt zwölf an Zahl.
Nachts schrein im Schlaf sie unter Ölbaumzweigen;
Sankt Thomas taucht die Hand ins Wundenmal.

25

Der Spaziergang

1

Musik summt im Gehölz am Nachmittag.
Im Korn sich ernste Vogelscheuchen drehn.
Hollunderbüsche sacht am Weg verwehn;
Ein Haus zerflimmert wunderlich und vag.

In Goldnem schwebt ein Duft von Thymian,
Auf einem Stein steht eine heitere Zahl.
Auf einer Wiese spielen Kinder Ball,
Dann hebt ein Baum vor dir zu kreisen an.

Du träumst: die Schwester kämmt ihr blondes Haar,
Auch schreibt ein ferner Freund dir einen Brief.
Ein Schober flieht durchs Grau vergilbt und schief
Und manchmal schwebst du leicht und wunderbar.

2

Die Zeit verrinnt. O süßer Helios!
O Bild im Krötentümpel süß und klar;
Im Sand versinkt ein Eden wunderbar.
Goldammern wiegt ein Busch in seinem Schoß.

Ein Bruder stirbt dir in verwunschnem Land
Und stählern schaun dich deine Augen an.
In Goldnem dort ein Duft von Thymian.
Ein Knabe legt am Weiler einen Brand.

Die Liebenden in Faltern neu erglühn
Und schaukeln heiter hin um Stein und Zahl.
Aufflattern Krähen um ein ekles Mahl
Und deine Stirne tost durchs sanfte Grün.

Im Dornenstrauch verendet weich ein Wild.
Nachgleitet dir ein heller Kindertag,
Der graue Wind, der flatterhaft und vag
Verfallne Düfte durch die Dämmerung spült.

3

Ein altes Wiegenlied macht dich sehr bang.
Am Wegrand fromm ein Weib ihr Kindlein stillt.
Traumwandelnd hörst du wie ihr Bronnen quillt.
Aus Apfelzweigen fällt ein Weiheklang.

Und Brot und Wein sind süß von harten Mühn.
Nach Früchten tastet silbern deine Hand.
Die tote Rahel geht durchs Ackerland.
Mit friedlicher Geberde winkt das Grün.

Gesegnet auch blüht armer Mägde Schoß,
Die träumend dort am alten Brunnen stehn.
Einsame froh auf stillen Pfaden gehn
Mit Gottes Kreaturen sündelos.

De profundis

Es ist ein Stoppelfeld, in das ein schwarzer Regen fällt.
Es ist ein brauner Baum, der einsam dasteht.
Es ist ein Zischelwind, der leere Hütten umkreist.
Wie traurig dieser Abend.

Am Weiler vorbei
Sammelt die sanfte Waise noch spärliche Ähren ein.
Ihre Augen weiden rund und goldig in der Dämmerung
Und ihr Schoß harrt des himmlischen Bräutigams.

Bei der Heimkehr
Fanden die Hirten den süßen Leib
Verwest im Dornenbusch.

Ein Schatten bin ich ferne finsteren Dörfern.
Gottes Schweigen
Trank ich aus dem Brunnen des Hains.

Auf meine Stirne tritt kaltes Metall
Spinnen suchen mein Herz.
Es ist ein Licht, das in meinem Mund erlöscht.

Nachts fand ich mich auf einer Heide,
Starrend von Unrat und Staub der Sterne.
Im Haselgebüsch
Klangen wieder kristallne Engel.

Trompeten

Unter verschnittenen Weiden, wo braune Kinder spielen
Und Blätter treiben, tönen Trompeten. Ein Kirchhofsschauer.
Fahnen von Scharlach stürzen durch des Ahorns Trauer
Reiter entlang an Roggenfeldern, leeren Mühlen.

Oder Hirten singen nachts und Hirsche treten
In den Kreis ihrer Feuer, des Hains uralte Trauer,
Tanzende heben sich von einer schwarzen Mauer;
Fahnen von Scharlach, Lachen, Wahnsinn, Trompeten.

Dämmerung

Im Hof, verhext von milchigem Dämmerschein,
Durch Herbstgebräuntes weiche Kranke gleiten.
Ihr wächsern-runder Blick sinnt goldner Zeiten,
Erfüllt von Träumerei und Ruh und Wein.

Ihr Siechentum schließt geisterhaft sich ein.
Die Sterne weiße Traurigkeit verbreiten.
Im Grau, erfüllt von Täuschung und Geläuten,
Sieh, wie die Schrecklichen sich wirr zerstreun.

Formlose Spottgestalten huschen, kauern
Und flattern sie auf schwarz-gekreuzten Pfaden.
O! trauervolle Schatten an den Mauern.

Die andern fliehn durch dunkelnde Arkaden;
Und nächtens stürzen sie aus roten Schauern
Des Sternenwinds, gleich rasenden Mänaden.

Heiterer Frühling

1

Am Bach, der durch das gelbe Brachfeld fließt,
Zieht noch das dürre Rohr vom vorigen Jahr.
Durchs Graue gleiten Klänge wunderbar,
Vorüberweht ein Hauch von warmem Mist.

28

An Weiden baumeln Kätzchen sacht im Wind,
Sein traurig Lied singt träumend ein Soldat.
Ein Wiesenstreifen saust verweht und matt,
Ein Kind steht in Konturen weich und lind.

Die Birken dort, der schwarze Dornenstrauch,
Auch fliehn im Rauch Gestalten aufgelöst.
Hell Grünes blüht und anderes verwest
Und Kröten schliefen durch den jungen Lauch.

2

Dich lieb ich treu du derbe Wäscherin.
Noch trägt die Flut des Himmels goldene Last.
Ein Fischlein blitzt vorüber und verblaßt;
Ein wächsern Antlitz fließt durch Erlen hin.

In Gärten sinken Glocken lang und leis
Ein kleiner Vogel trällert wie verrückt.
Das sanfte Korn schwillt leise und verzückt
Und Bienen sammeln noch mit ernstem Fleiß.

Komm Liebe nun zum müden Arbeitsmann!
In seine Hütte fällt ein lauer Strahl.
Der Wald strömt durch den Abend herb und fahl
Und Knospen knistern heiter dann und wann.

Wie scheint doch alles Werdende so krank!
Ein Fieberhauch um einen Weiler kreist;
Doch aus Gezweigen winkt ein sanfter Geist
Und öffnet das Gemüte weit und bang.

Ein blühender Erguß verrinnt sehr sacht
Und Ungebornes pflegt der eignen Ruh.
Die Liebenden blühn ihren Sternen zu
Und süßer fließt ihr Odem durch die Nacht.

So schmerzlich gut und wahrhaft ist, was lebt;
Und leise rührt dich an ein alter Stein:
Wahrlich! Ich werde immer bei euch sein.
O Mund! der durch die Silberweide bebt.

29

Vorstadt im Föhn

Am Abend liegt die Stätte öd und braun,
Die Luft von gräulichem Gestank durchzogen.
Das Donnern eines Zugs vom Brückenbogen –
Und Spatzen flattern über Busch und Zaun.

Geduckte Hütten, Pfade wirr verstreut,
In Gärten Durcheinander und Bewegung,
Bisweilen schwillt Geheul aus dumpfer Regung,
In einer Kinderschar fliegt rot ein Kleid.

Am Kehricht pfeift verliebt ein Rattenchor.
In Körben tragen Frauen Eingeweide,
Ein ekelhafter Zug voll Schmutz und Räude,
Kommen sie aus der Dämmerung hervor.

Und ein Kanal speit plötzlich feistes Blut
Vom Schlachthaus in den stillen Fluß hinunter.

Die Föhne färben karge Stauden bunter
Und langsam kriecht die Röte durch die Flut.

Ein Flüstern, das in trübem Schlaf ertrinkt.
Gebilde gaukeln auf aus Wassergräben,
Vielleicht Erinnerung an ein früheres Leben,
Die mit den warmen Winden steigt und sinkt.

Aus Wolken tauchen schimmernde Alleen,
Erfüllt von schönen Wägen, kühnen Reitern.
Dann sieht man auch ein Schiff auf Klippen scheitern
Und manchmal rosenfarbene Moscheen.

Die Ratten

In Hof scheint weiß der herbstliche Mond.
Vom Dachrand fallen phantastische Schatten.
Ein Schweigen in leeren Fenstern wohnt;
Da tauchen leise herauf die Ratten

Und huschen pfeifend hier und dort
Und ein gräulicher Dunsthauch wittert
Ihnen nach aus dem Abort,
Den geisterhaft der Mondschein durchzittert   30

Und sie keifen vor Gier wie toll
Und erfüllen Haus und Scheunen,
Die von Korn und Früchten voll.
Eisige Winde im Dunkel greinen.   31

Trübsinn

Weltunglück geistert durch den Nachmittag.
Baracken fliehn durch Gärtchen braun und wüst.
Lichtschnuppen gaukeln um verbrannten Mist,
Zwei Schläfer schwanken heimwärts, grau und vag.

Auf der verdorrten Wiese läuft ein Kind
Und spielt mit seinen Augen schwarz und glatt.
Das Gold tropft von den Büschen trüb und matt.
Ein alter Mann dreht traurig sich im Wind.

Am Abend wieder über meinem Haupt
Saturn lenkt stumm ein elendes Geschick.
Ein Baum, ein Hund tritt hinter sich zurück
Und schwarz schwankt Gottes Himmel und entlaubt.

Ein Fischlein gleitet schnell hinab den Bach;
Und leise rührt des toten Freundes Hand
Und glättet liebend Stirne und Gewand.
Ein Licht ruft Schatten in den Zimmern wach.

In den Nachmittag geflüstert

Sonne, herbstlich dünn und zag,
Und das Obst fällt von den Bäumen.
Stille wohnt in blauen Räumen
Einen langen Nachmittag.

Sterbeklänge von Metall;
Und ein weißes Tier bricht nieder.
Brauner Mädchen rauhe Lieder
Sind verweht im Blätterfall.

Stirne Gottes Farben träumt,
Spürt des Wahnsinns sanfte Flügel.

Schatten drehen sich am Hügel
Von Verwesung schwarz umsäumt.

Dämmerung voll Ruh und Wein;
Traurige Guitarren rinnen.
Und zur milden Lampe drinnen
Kehrst du wie im Traume ein.

Psalm

Karl Kraus zugeeignet

Es ist ein Licht, das der Wind ausgelöscht hat.
Es ist ein Heidekrug, den am Nachmittag ein Betrunkener verläßt.
Es ist ein Weinberg, verbrannt und schwarz mit Löchern voll
    Spinnen.
Es ist ein Raum, den sie mit Milch getüncht haben.
Der Wahnsinnige ist gestorben. Es ist eine Insel der Südsee,
Den Sonnengott zu empfangen. Man rührt die Trommeln.
Die Männer führen kriegerische Tänze auf.
Die Frauen wiegen die Hüften in Schlinggewächsen und
    Feuerblumen,
Wenn das Meer singt. O unser verlorenes Paradies.
Die Nymphen haben die goldenen Wälder verlassen.
Man begräbt den Fremden. Dann hebt ein Flimmerregen an.
Der Sohn des Pan erscheint in Gestalt eines Erdarbeiters,
Der den Mittag am glühenden Asphalt verschläft.
Es sind kleine Mädchen in einem Hof in Kleidchen voll
    herzzerreißender Armut!
Es sind Zimmer, erfüllt von Akkorden und Sonaten.
Es sind Schatten, die sich vor einem erblindeten Spiegel umarmen.
An den Fenstern des Spitals wärmen sich Genesende.
Ein weißer Dampfer am Kanal trägt blutige Seuchen herauf.
Die fremde Schwester erscheint wieder in jemands bösen Träumen.
Ruhend im Haselgebüsch spielt sie mit seinen Sternen.
Der Student, vielleicht ein Doppelgänger, schaut ihr lange vom
    Fenster nach.

32

Hinter ihm steht sein toter Bruder, oder er geht die alte
      Wendeltreppe herab.
Im Dunkel brauner Kastanien verblaßt die Gestalt des jungen
      Novizen.
Der Garten ist im Abend. Im Kreuzgang flattern die Fledermäuse
      umher.
Die Kinder des Hausmeisters hören zu spielen auf und suchen das
      Gold des Himmels.
Endakkorde eines Quartetts. Die kleine Blinde läuft zitternd durch
      die Allee,
Und später tastet ihr Schatten an kalten Mauern hin, umgeben von
      Märchen und heiligen Legenden.
Es ist ein leeres Boot, das am Abend den schwarzen Kanal
      heruntertreibt.
In der Düsternis des alten Asyls verfallen menschliche Ruinen.
Die toten Waisen liegen an der Gartenmauer.
Aus grauen Zimmern treten Engel mit kotgefleckten Flügeln.
Würmer tropfen von ihren vergilbten Lidern.
Der Platz vor der Kirche ist finster und schweigsam, wie in den
      Tagen der Kindheit.
Auf silbernen Sohlen gleiten frühere Leben vorbei
Und die Schatten der Verdammten steigen zu den seufzenden
      Wassern nieder.
In seinem Grab spielt der weiße Magier mit seinen Schlangen.
Schweigsam über der Schädelstätte öffnen sich Gottes goldene
      Augen.

33

Rosenkranzlieder

An die Schwester

Wo du gehst wird Herbst und Abend,
Blaues Wild, das unter Bäumen tönt,
Einsamer Weiher am Abend.

Leise der Flug der Vögel tönt,
Die Schwermut über deinen Augenbogen.
Dein schmales Lächeln tönt.

Gott hat deine Lider verbogen.
Sterne suchen nachts, Karfreitagskind,
Deinen Stirnenbogen.

Nähe des Todes

O der Abend, der in die finsteren Dörfer der Kindheit geht.
Der Weiher unter den Weiden
Füllt sich mit den verpesteten Seufzern der Schwermut.

O der Wald, der leise die braunen Augen senkt,
Da aus des Einsamen knöchernen Händen
Der Purpur seiner verzückten Tage hinsinkt.

O die Nähe des Todes. Laß uns beten.
In dieser Nacht lösen auf lauen Kissen
Vergilbt von Weihrauch sich der Liebenden schmächtige Glieder.

Amen

Verwestes gleitend durch die morsche Stube;
Schatten an gelben Tapeten; in dunklen Spiegeln wölbt
Sich unserer Hände elfenbeinerne Traurigkeit.

Braune Perlen rinnen durch die erstorbenen Finger.
In der Stille
Tun sich eines Engels blaue Mohnaugen auf.

Blau ist auch der Abend;
Die Stunde unseres Absterbens, Azraels Schatten,
Der ein braunes Gärtchen verdunkelt.

Verfall

Am Abend, wenn die Glocken Frieden läuten,
Folg ich der Vögel wundervollen Flügen,
Die lang geschart, gleich frommen Pilgerzügen,
Entschwinden in den herbstlich klaren Weiten.

Hinwandelnd durch den dämmervollen Garten
Träum ich nach ihren helleren Geschicken
Und fühl der Stunden Weiser kaum mehr rücken.
So folg ich über Wolken ihren Fahrten.

Da macht ein Hauch mich von Verfall erzittern.
Die Amsel klagt in den entlaubten Zweigen.
Es schwankt der rote Wein an rostigen Gittern,

Indes wie blasser Kinder Todesreigen
Um dunkle Brunnenränder, die verwittern,
Im Wind sich fröstelnd blaue Astern neigen.

In der Heimat

Resedenduft durchs kranke Fenster irrt;
Ein alter Platz, Kastanien schwarz und wüst.
Das Dach durchbricht ein goldener Strahl und fließt
Auf die Geschwister traumhaft und verwirrt.

Im Spülicht treibt Verfallnes, leise girrt
Der Föhn im braunen Gärtchen; sehr still genießt
Ihr Gold die Sonnenblume und zerfließt.
Durch blaue Luft der Ruf der Wache klirrt.

Resedenduft. Die Mauern dämmern kahl.
Der Schwester Schlaf ist schwer. Der Nachtwind wühlt
In ihrem Haar, das mondner Glanz umspült.

Der Katze Schatten gleitet blau und schmal
Vom morschen Dach, das nahes Unheil säumt,
Die Kerzenflamme, die sich purpurn bäumt. 35

Ein Herbstabend

An Karl Röck

Das braune Dorf. Ein Dunkles zeigt im Schreiten
Sich oft an Mauern, die im Herbste stehn,
Gestalten: Mann wie Weib, Verstorbene gehn
In kühlen Stuben jener Bett bereiten.

Hier spielen Knaben. Schwere Schatten breiten
Sich über braune Jauche. Mägde gehn
Durch feuchte Bläue und bisweilen sehn
Aus Augen sie, erfüllt von Nachtgeläuten.

Für Einsames ist eine Schenke da;
Das säumt geduldig unter dunklen Bogen,
Von goldenem Tabaksgewölk umzogen.

Doch immer ist das Eigne schwarz und nah.
Der Trunkne sinnt im Schatten alter Bogen
Den wilden Vögeln nach, die ferngezogen.

Menschliches Elend

Die Uhr, die vor der Sonne fünfe schlägt –
Einsame Menschen packt ein dunkles Grausen,
Im Abendgarten kahle Bäume sausen.
Des Toten Antlitz sich am Fenster regt.

Vielleicht, daß diese Stunde stille steht.
Vor trüben Augen blaue Bilder gaukeln
Im Takt der Schiffe, die am Flusse schaukeln.
Am Kai ein Schwesternzug vorüberweht.

Im Hasel spielen Mädchen blaß und blind,
Wie Liebende, die sich im Schlaf umschlingen.
Vielleicht, daß um ein Aas dort Fliegen singen,
Vielleicht auch weint im Mutterschoß ein Kind.

Aus Händen sinken Astern blau und rot,
Des Jünglings Mund entgleitet fremd und weise;
Und Lider flattern angstverwirrt und leise;
Durch Fieberschwärze weht ein Duft von Brot.

Es scheint, man hört auch gräßliches Geschrei;
Gebeine durch verfallne Mauern schimmern.
Ein böses Herz lacht laut in schönen Zimmern;
An einem Träumer läuft ein Hund vorbei.

Ein leerer Sarg im Dunkel sich verliert.
Dem Mörder will ein Raum sich bleich erhellen,

Indes Laternen nachts im Sturm zerschellen.
Des Edlen weiße Schläfe Lorbeer ziert.

Im Dorf

1

Aus braunen Mauern tritt ein Dorf, ein Feld.
Ein Hirt verwest auf einem alten Stein.
Der Saum des Walds schließt blaue Tiere ein,
Das sanfte Laub, das in die Stille fällt.

Der Bauern braune Stirnen. Lange tönt
Die Abendglocke; schön ist frommer Brauch,
Des Heilands schwarzes Haupt im Dornenstrauch,
Die kühle Stube, die der Tod versöhnt.

Wie bleich die Mütter sind. Die Bläue sinkt
Auf Glas und Truh, die stolz ihr Sinn bewahrt;
Auch neigt ein weißes Haupt sich hochbejahrt
Aufs Enkelkind, das Milch und Sterne trinkt.

2

Der Arme, der im Geiste einsam starb,
Steigt wächsern über einen alten Pfad.
Die Apfelbäume sinken kahl und stad
Ins Farbige ihrer Frucht, die schwarz verdarb.

Noch immer wölbt das Dach aus dürrem Stroh
Sich übern Schlaf der Kühe. Die blinde Magd
Erscheint im Hof; ein blaues Wasser klagt;
Ein Pferdeschädel starrt vom morschen Tor.

Der Idiot spricht dunklen Sinns ein Wort
Der Liebe, das im schwarzen Busch verhallt,

Wo jene steht in schmaler Traumgestalt.
Der Abend tönt in feuchter Bläue fort.

3

Ans Fenster schlagen Äste föhnentlaubt.
Im Schoß der Bäurin wächst ein wildes Weh.
Durch ihre Arme rieselt schwarzer Schnee;
Goldäugige Eulen flattern um ihr Haupt.

Die Mauern starren kahl und grauverdreckt
Ins kühle Dunkel. Im Fieberbette friert
Der schwangere Leib, den frech der Mond bestiert.
Vor ihrer Kammer ist ein Hund verreckt.

Drei Männer treten finster durch das Tor
Mit Sensen, die im Feld zerbrochen sind.
Durchs Fenster klirrt der rote Abendwind;
Ein schwarzer Engel tritt daraus hervor.

Abendlied

Am Abend, wenn wir auf dunklen Pfaden gehn,
Erscheinen unsere bleichen Gestalten vor uns.

Wenn uns dürstet,
Trinken wir die weißen Wasser des Teichs,
Die Süße unserer traurigen Kindheit.

Erstorbene ruhen wir unterm Hollundergebüsch,
Schaun den grauen Möven zu.

Frühlingsgewölke steigen über die finstere Stadt,
Die der Mönche edlere Zeiten schweigt.

Da ich deine schmalen Hände nahm
Schlugst du leise die runden Augen auf,
Dieses ist lange her.

Doch wenn dunkler Wohllaut die Seele heimsucht,
Erscheinst du Weiße in des Freundes herbstlicher Landschaft.

Drei Blicke in einen Opal

An Erhard Buschbeck

1

Blick in Opal: ein Dorf umkränzt von dürrem Wein,
Der Stille grauer Wolken, gelber Felsenhügel
Und abendlicher Quellen Kühle: Zwillingsspiegel
Umrahmt von Schatten und von schleimigem Gestein.

Des Herbstes Weg und Kreuze gehn in Abend ein,
Singende Pilger und die blutbefleckten Linnen.
Des Einsamen Gestalt kehrt also sich nach innen
Und geht, ein bleicher Engel, durch den leeren Hain.

Aus Schwarzem bläst der Föhn. Mit Satyrn im Verein
Sind schlanke Weiblein; Mönche der Wollust bleiche Priester,
Ihr Wahnsinn schmückt mit Lilien sich schön und düster
Und hebt die Hände auf zu Gottes goldenem Schrein.

2

Der ihn befeuchtet, rosig hängt ein Tropfen Tau
Im Rosmarin: hinfließt ein Hauch von Grabgerüchen,
Spitälern, wirr erfüllt von Fieberschrein und Flüchen.
Gebein steigt aus dem Erbbegräbnis morsch und grau.

In blauem Schleim und Schleiern tanzt des Greisen Frau,
Das schmutzstarrende Haar erfüllt von schwarzen Tränen,

Die Knaben träumen wirr in dürren Weidensträhnen
Und ihre Stirnen sind von Aussatz kahl und rauh.

Durchs Bogenfenster sinkt ein Abend lind und lau.
Ein Heiliger tritt aus seinen schwarzen Wundenmalen.
Die Purpurschnecken kriechen aus zerbrochenen Schalen
Und speien Blut in Dorngewinde starr und grau.

3

Die Blinden streuen in eiternde Wunden Weiherauch.
Rotgoldene Gewänder; Fackeln; Psalmensingen;
Und Mädchen, die wie Gift den Leib des Herrn umschlingen.
Gestalten schreiten wächsernstarr durch Glut und Rauch.

Aussätziger mitternächtigen Tanz führt an ein Gauch
Dürrknöchern. Garten wunderlicher Abenteuer;
Verzerrtes; Blumenfratzen, Lachen; Ungeheuer
Und rollendes Gestirn im schwarzen Dornenstrauch.

O Armut, Bettelsuppe, Brot und süßer Lauch;
Des Lebens Träumerei in Hütten vor den Wäldern.
Grau härtet sich der Himmel über gelben Feldern
Und eine Abendglocke singt nach altem Brauch.

Nachtlied

Des Unbewegten Odem. Ein Tiergesicht
Erstarrt vor Bläue, ihrer Heiligkeit.
Gewaltig ist das Schweigen im Stein;

Die Maske eines nächtlichen Vogels. Sanfter Dreiklang
Verklingt in einem. Elai! dein Antlitz
Beugt sich sprachlos über bläuliche Wasser.

O! ihr stillen Spiegel der Wahrheit.
An des Einsamen elfenbeinerner Schläfe
Erscheint der Abglanz gefallener Engel.

Helian

In den einsamen Stunden des Geistes
Ist es schön, in der Sonne zu gehn
An den gelben Mauern des Sommers hin.
Leise klingen die Schritte im Gras; doch immer schläft
Der Sohn des Pan im grauen Marmor.

Abends auf der Terrasse betranken wir uns mit braunem Wein.
Rötlich glüht der Pfirsich im Laub;
Sanfte Sonate, frohes Lachen.

Schön ist die Stille der Nacht.
Auf dunklem Plan
Begegnen wir uns mit Hirten und weißen Sternen.

Wenn es Herbst geworden ist
Zeigt sich nüchterne Klarheit im Hain.
Besänftigte wandeln wir an roten Mauern hin
Und die runden Augen folgen dem Flug der Vögel.
Am Abend sinkt das weiße Wasser in Graburnen.

In kahlen Gezweigen feiert der Himmel.
In reinen Händen trägt der Landmann Brot und Wein
Und friedlich reifen die Früchte in sonniger Kammer.

O wie ernst ist das Antlitz der teueren Toten.
Doch die Seele erfreut gerechtes Anschaun.

Gewaltig ist das Schweigen des verwüsteten Gartens,
Da der junge Novize die Stirne mit braunem Laub bekränzt,
Sein Odem eisiges Gold trinkt.

Die Hände rühren das Alter bläulicher Wasser
Oder in kalter Nacht die weißen Wangen der Schwestern.

Leise und harmonisch ist ein Gang an freundlichen Zimmern hin,
Wo Einsamkeit ist und das Rauschen des Ahorns,
Wo vielleicht noch die Drossel singt.

Schön ist der Mensch und erscheinend im Dunkel,
Wenn er staunend Arme und Beine bewegt,
Und in purpurnen Höhlen stille die Augen rollen.

Zur Vesper verliert sich der Fremdling in schwarzer
        Novemberzerstörung,
Unter morschem Geäst, an Mauern voll Aussatz hin,
Wo vordem der heilige Bruder gegangen,
Versunken in das sanfte Saitenspiel seines Wahnsinns,

O wie einsam endet der Abendwind.
Ersterbend neigt sich das Haupt im Dunkel des Ölbaums.

Erschütternd ist der Untergang des Geschlechts.
In dieser Stunde füllen sich die Augen des Schauenden
Mit dem Gold seiner Sterne.

Am Abend versinkt ein Glockenspiel, das nicht mehr tönt,
Verfallen die schwarzen Mauern am Platz,
Ruft der tote Soldat zum Gebet.

Ein bleicher Engel
Tritt der Sohn ins leere Haus seiner Väter.

Die Schwestern sind ferne zu weißen Greisen gegangen.
Nachts fand sie der Schläfer unter den Säulen im Hausflur,
Zurückgekehrt von traurigen Pilgerschaften.

O wie starrt von Kot und Würmern ihr Haar,
Da er darein mit silbernen Füßen steht,
Und jene verstorben aus kahlen Zimmern treten.

O ihr Psalmen in feurigen Mitternachtsregen,
Da die Knechte mit Nesseln die sanften Augen schlugen,
Die kindlichen Früchte des Hollunders
Sich staunend neigen über ein leeres Grab.

Leise rollen vergilbte Monde
Über die Fieberlinnen des Jünglings,
Eh dem Schweigen des Winters folgt.

Ein erhabenes Schicksal sinnt den Kidron hinab,
Wo die Zeder, ein weiches Geschöpf,
Sich unter den blauen Brauen des Vaters entfaltet,
Über die Weide nachts ein Schäfer seine Herde führt.
Oder es sind Schreie im Schlaf,
Wenn ein eherner Engel im Hain den Menschen antritt,
Das Fleisch des Heiligen auf glühendem Rost hinschmilzt.

Um die Lehmhütten rankt purpurner Wein,
Tönende Bündel vergilbten Korns,
Das Summen der Bienen, der Flug des Kranichs.
Am Abend begegnen sich Auferstandene auf Felsenpfaden.   42

In schwarzen Wassern spiegeln sich Aussätzige;
Oder sie öffnen die kotbefleckten Gewänder
Weinend dem balsamischen Wind, der vom rosigen Hügel weht.

Schlanke Mägde tasten durch die Gassen der Nacht,
Ob sie den liebenden Hirten fänden.
Sonnabends tönt in den Hütten sanfter Gesang.

Lasset das Lied auch des Knaben gedenken,
Seines Wahnsinns, und weißer Brauen und seines Hingangs,
Des Verwesten, der bläulich die Augen aufschlägt.
O wie traurig ist dieses Wiedersehn.

Die Stufen des Wahnsinns in schwarzen Zimmern,
Die Schatten der Alten unter der offenen Tür,

Da Helians Seele sich im rosigen Spiegel beschaut
Und Schnee und Aussatz von seiner Stirne sinken.

An den Wänden sind die Sterne erloschen
Und die weißen Gestalten des Lichts.

Dem Teppich entsteigt Gebein der Gräber,
Das Schweigen verfallener Kreuze am Hügel,
Des Weihrauchs Süße im purpurnen Nachtwind.

O ihr zerbrochenen Augen in schwarzen Mündern,
Da der Enkel in sanfter Umnachtung
Einsam dem dunkleren Ende nachsinnt,
Der stille Gott die blauen Lider über ihn senkt.

Sebastian im Traum

Kindheit

Voll Früchten der Hollunder; ruhig wohnte die Kindheit
In blauer Höhle. Über vergangenen Pfad,
Wo nun bräunlich das wilde Gras saust,
Sinnt das stille Geäst; das Rauschen des Laubs

Ein gleiches, wenn das blaue Wasser im Felsen tönt.
Sanft ist der Amsel Klage. Ein Hirt
Folgt sprachlos der Sonne, die vom herbstlichen Hügel rollt.

Ein blauer Augenblick ist nur mehr Seele.
Am Waldsaum zeigt sich ein scheues Wild und friedlich
Ruhn im Grund die alten Glocken und finsteren Weiler.

Frömmer kennst du den Sinn der dunklen Jahre,
Kühle und Herbst in einsamen Zimmern;
Und in heiliger Bläue läuten leuchtende Schritte fort.

Leise klirrt ein offenes Fenster; zu Tränen
Rührt der Anblick des verfallenen Friedhofs am Hügel,
Erinnerung an erzählte Legenden; doch manchmal erhellt sich die
    Seele,
Wenn sie frohe Menschen denkt, dunkelgoldene Frühlingstage.

Stundenlied

Mit dunklen Blicken sehen sich die Liebenden an,
Die Blonden, Strahlenden. In starrender Finsternis
Umschlingen schmächtig sich die sehnenden Arme.

Purpurn zerbrach der Gesegneten Mund. Die runden Augen
Spiegeln das dunkle Gold des Frühlingsnachmittags,

Saum und Schwärze des Walds, Abendängste im Grün;
Vielleicht unsäglichen Vogelflug, des Ungeborenen
Pfad an finstern Dörfern, einsamen Sommern hin
Und aus verfallener Bläue tritt bisweilen ein Abgelebtes.

Leise rauscht im Acker das gelbe Korn.
Hart ist das Leben und stählern schwingt die Sense der Landmann,
Fügt gewaltige Balken der Zimmermann.

Purpurn färbt sich das Laub im Herbst; der mönchische Geist
Durchwandelt heitere Tage; reif ist die Traube
Und festlich die Luft in geräumigen Höfen.
Süßer duften vergilbte Früchte; leise ist das Lachen
Des Frohen, Musik und Tanz in schattigen Kellern;
Im dämmernden Garten Schritt und Stille des verstorbenen Knaben.

Unterwegs

Am Abend trugen sie den Fremden in die Totenkammer;
Ein Duft von Teer; das leise Rauschen roter Platanen;
Der dunkle Flug der Dohlen; am Platz zog eine Wache auf.
Die Sonne ist in schwarze Linnen gesunken; immer wieder kehrt
    dieser vergangene Abend.
Im Nebenzimmer spielt die Schwester eine Sonate von Schubert.
Sehr leise sinkt ihr Lächeln in den verfallenen Brunnen,
Der bläulich in der Dämmerung rauscht. O, wie alt ist unser
    Geschlecht.
Jemand flüstert drunten im Garten; jemand hat diesen schwarzen
    Himmel verlassen.
Auf der Kommode duften Äpfel. Großmutter zündet goldene Kerzen
    an.

O, wie mild ist der Herbst. Leise klingen unsere Schritte im alten
    Park
Unter hohen Bäumen. O, wie ernst ist das hyazinthene Antlitz der
    Dämmerung.

Der blaue Quell zu deinen Füßen, geheimnisvoll die rote Stille
    deines Munds,
Umdüstert vom Schlummer des Laubs, dem dunklen Gold
    verfallener Sonnenblumen.
Deine Lider sind schwer von Mohn und träumen leise auf meiner
    Stirne.
Sanfte Glocken durchzittern die Brust. Eine blaue Wolke
Ist dein Antlitz auf mich gesunken in der Dämmerung.
Ein Lied zur Guitarre, das in einer fremden Schenke erklingt,
Die wilden Hollunderbüsche dort, ein lang vergangener
    Novembertag,
Vertraute Schritte auf der dämmernden Stiege, der Anblick
    gebräunter Balken,
Ein offenes Fenster, an dem ein süßes Hoffen zurückblieb –
Unsäglich ist das alles, o Gott, daß man erschüttert ins Knie bricht.

O, wie dunkel ist diese Nacht. Eine purpurne Flamme
Erlosch an meinem Mund. In der Stille
Erstirbt der bangen Seele einsames Saitenspiel.
Laß, wenn trunken von Wein das Haupt in die Gosse sinkt.

Landschaft

Septemberabend; traurig tönen die dunklen Rufe der Hirten
Durch das dämmernde Dorf; Feuer sprüht in der Schmiede.
Gewaltig bäumt sich ein schwarzes Pferd; die hyazinthenen Locken
    der Magd
Haschen nach der Inbrunst seiner purpurnen Nüstern.
Leise erstarrt am Saum des Waldes der Schrei der Hirschkuh
Und die gelben Blumen des Herbstes
Neigen sich sprachlos über das blaue Antlitz des Teichs.
In roter Flamme verbrannte ein Baum; aufflattern mit dunklen
    Gesichtern die Fledermäuse.

An den Knaben Elis

Elis, wenn die Amsel im schwarzen Wald ruft,
Dieses ist dein Untergang.
Deine Lippen trinken die Kühle des blauen Felsenquells.

Laß, wenn deine Stirne leise blutet
Uralte Legenden
Und dunkle Deutung des Vogelflugs.

Du aber gehst mit weichen Schritten in die Nacht,
Die voll purpurner Trauben hängt,
Und du regst die Arme schöner im Blau.

Ein Dornenbusch tönt,
Wo deine mondenen Augen sind.
O, wie lange bist, Elis, du verstorben.

Dein Leib ist eine Hyazinthe,
In die ein Mönch die wächsernen Finger taucht.
Eine schwarze Höhle ist unser Schweigen,

Daraus bisweilen ein sanftes Tier tritt
Und langsam die schweren Lider senkt.
Auf deine Schläfen tropft schwarzer Tau,

Das letzte Gold verfallener Sterne.

Elis

1

Vollkommen ist die Stille dieses goldenen Tags.
Unter alten Eichen
Erscheinst du, Elis, ein Ruhender mit runden Augen.

Ihre Bläue spiegelt den Schlummer der Liebenden.
An deinem Mund
Verstummten ihre rosigen Seufzer.

Am Abend zog der Fischer die schweren Netze ein.
Ein guter Hirt
Führt seine Herde am Waldsaum hin.
O! wie gerecht sind, Elis, alle deine Tage.

Leise sinkt
An kahlen Mauern des Ölbaums blaue Stille,
Erstirbt eines Greisen dunkler Gesang.

Ein goldener Kahn
Schaukelt, Elis, dein Herz am einsamen Himmel.   50

2

Ein sanftes Glockenspiel tönt in Elis' Brust
Am Abend,
Da sein Haupt ins schwarze Kissen sinkt.

Ein blaues Wild
Blutet leise im Dornengestrüpp.

Ein brauner Baum steht abgeschieden da;
Seine blauen Früchte fielen von ihm.

Zeichen und Sterne
Versinken leise im Abendweiher.

Hinter dem Hügel ist es Winter geworden.

Blaue Tauben
Trinken nachts den eisigen Schweiß,
Der von Elis' kristallener Stirne rinnt.

Immer tönt
An schwarzen Mauern Gottes einsamer Wind.

Hohenburg

Es ist niemand im Haus. Herbst in Zimmern;
Mondeshelle Sonate
Und das Erwachen am Saum des dämmernden Walds.

Immer denkst du das weiße Antlitz des Menschen
Ferne dem Getümmel der Zeit;
Über ein Träumendes neigt sich gerne grünes Gezweig,

Kreuz und Abend;
Umfängt den Tönenden mit purpurnen Armen sein Stern,
Der zu unbewohnten Fenstern hinaufsteigt.

Also zittert im Dunkel der Fremdling,
Da er leise die Lider über ein Menschliches aufhebt,
Das ferne ist; die Silberstimme des Windes im Hausflur.

Sebastian im Traum

Für Adolf Loos

1

Mutter trug das Kindlein im weißen Mond,
Im Schatten des Nußbaums, uralten Hollunders,
Trunken vom Safte des Mohns, der Klage der Drossel;
Und stille
Neigte in Mitleid sich über jene ein bärtiges Antlitz

Leise im Dunkel des Fensters; und altes Hausgerät
Der Väter
Lag im Verfall; Liebe und herbstliche Träumerei.

Also dunkel der Tag des Jahrs, traurige Kindheit,
Da der Knabe leise zu kühlen Wassern, silbernen Fischen hinabstieg,
Ruh und Antlitz;
Da er steinern sich vor rasende Rappen warf,
In grauer Nacht sein Stern über ihn kam;

Oder wenn er an der frierenden Hand der Mutter
Abends über Sankt Peters herbstlichen Friedhof ging,
Ein zarter Leichnam stille im Dunkel der Kammer lag
Und jener die kalten Lider über ihn aufhob.

Er aber war ein kleiner Vogel im kahlen Geäst,
Die Glocke lang im Abendnovember,
Des Vaters Stille, da er im Schlaf die dämmernde Wendeltreppe
    hinabstieg.

2

Frieden der Seele. Einsamer Winterabend,
Die dunklen Gestalten der Hirten am alten Weiher;
Kindlein in der Hütte von Stroh; o wie leise
Sank in schwarzem Fieber das Antlitz hin
Heilige Nacht.

Oder wenn er an der harten Hand des Vaters
Stille den finstern Kalvarienberg hinanstieg
Und in dämmernden Felsennischen
Die blaue Gestalt des Menschen durch seine Legende ging,
Aus der Wunde unter dem Herzen purpurn das Blut rann.
O wie leise stand in dunkler Seele das Kreuz auf.

Liebe; da in schwarzen Winkeln der Schnee schmolz,
Ein blaues Lüftchen sich heiter im alten Hollunder fing,
In dem Schattengewölbe des Nußbaums;
Und dem Knaben leise sein rosiger Engel erschien.

Freude; da in kühlen Zimmern eine Abendsonate erklang,
Im braunen Holzgebälk
Ein blauer Falter aus der silbernen Puppe kroch.

O die Nähe des Todes. In steinerner Mauer
Neigte sich ein gelbes Haupt, schweigend das Kind,
Da in jenem März der Mond verfiel.

3

Rosige Osterglocke im Grabgewölbe der Nacht
Und die Silberstimmen der Sterne,
Daß in Schauern ein dunkler Wahnsinn von der Stirne des Schläfers
    sank.

O wie stille ein Gang den blauen Fluß hinab
Vergessenes sinnend, da im grünen Geäst
Die Drossel ein Fremdes in den Untergang rief.

Oder wenn er an der knöchernen Hand des Greisen
Abends vor die verfallene Mauer der Stadt ging
Und jener in schwarzem Mantel ein rosiges Kindlein trug,
Im Schatten des Nußbaums der Geist des Bösen erschien.

Tasten über die grünen Stufen des Sommers. O wie leise
Verfiel der Garten in der braunen Stille des Herbstes,
Duft und Schwermut des alten Hollunders,
Da in Sebastians Schatten die Silberstimme des Engels erstarb.

Am Moor

Wanderer im schwarzen Wind; leise flüstert das dürre Rohr
In der Stille des Moors. Am grauen Himmel
Ein Zug von wilden Vögeln folgt;
Quere über finsteren Wassern.

53

Aufruhr. In verfallener Hütte
Aufflattert mit schwarzen Flügeln die Fäulnis;
Verkrüppelte Birken seufzen im Wind.

Abend in verlassener Schenke. Den Heimweg umwittert
Die sanfte Schwermut grasender Herden,
Erscheinung der Nacht: Kröten tauchen aus silbernen Wassern.

Im Frühling

Leise sank von dunklen Schritten der Schnee,
Im Schatten des Baums
Heben die rosigen Lider Liebende.

Immer folgt den dunklen Rufen der Schiffer
Stern und Nacht;
Und die Ruder schlagen leise im Takt.

Balde an verfallener Mauer blühen
Die Veilchen,
Ergrünt so stille die Schläfe des Einsamen.

Abend in Lans

Wanderschaft durch dämmernden Sommer
An Bündeln vergilbten Korns vorbei. Unter getünchten Bogen,
Wo die Schwalbe aus und ein flog, tranken wir feurigen Wein.

Schön: o Schwermut und purpurnes Lachen.
Abend und die dunklen Düfte des Grüns
Kühlen mit Schauern die glühende Stirne uns.

Silberne Wasser rinnen über die Stufen des Walds,
Die Nacht und sprachlos ein vergessenes Leben.
Freund; die belaubten Stege ins Dorf.

Am Mönchsberg

Wo im Schatten herbstlicher Ulmen der verfallene Pfad hinabsinkt,
Ferne den Hütten von Laub, schlafenden Hirten,
Immer folgt dem Wandrer die dunkle Gestalt der Kühle
Über knöchernen Steg, die hyazinthene Stimme des Knaben,
Leise sagend die vergessene Legende des Walds,
Sanfter ein Krankes nun die wilde Klage des Bruders.

Also rührt ein spärliches Grün das Knie des Fremdlings,
Das versteinerte Haupt;
Näher rauscht der blaue Quell die Klage der Frauen.

Kaspar Hauser Lied

Für Bessie Loos

Er wahrlich liebte die Sonne, die purpurn den Hügel hinabstieg,
Die Wege des Walds, den singenden Schwarzvogel
Und die Freude des Grüns.

Ernsthaft war sein Wohnen im Schatten des Baums
Und rein sein Antlitz.
Gott sprach eine sanfte Flamme zu seinem Herzen:
O Mensch!

Stille fand sein Schritt die Stadt am Abend;
Die dunkle Klage seines Munds:
Ich will ein Reiter werden.

Ihm aber folgte Busch und Tier,
Haus und Dämmergarten weißer Menschen
Und sein Mörder suchte nach ihm.

Frühling und Sommer und schön der Herbst
Des Gerechten, sein leiser Schritt
An den dunklen Zimmern Träumender hin.
Nachts blieb er mit seinem Stern allein;

Sah, daß Schnee fiel in kahles Gezweig
Und im dämmernden Hausflur den Schatten des Mörders.

Silbern sank des Ungebornen Haupt hin.

55

Nachts

Die Bläue meiner Augen ist erloschen in dieser Nacht,
Das rote Gold meines Herzens. O! wie stille brannte das Licht.
Dein blauer Mantel umfing den Sinkenden;
Dein roter Mund besiegelte des Freundes Umnachtung.

Verwandlung des Bösen

Herbst: schwarzes Schreiten am Waldsaum; Minute stummer Zerstörung; auflauscht die Stirne des Aussätzigen unter dem kahlen Baum. Langvergangener Abend, der nun über die Stufen von Moos sinkt; November. Eine Glocke läutet und der Hirt führt eine Herde von schwarzen und roten Pferden ins Dorf. Unter dem Haselgebüsch weidet der grüne Jäger ein Wild aus. Seine Hände rauchen von Blut und der Schatten des Tiers seufzt im Laub über den Augen des Mannes, braun und schweigsam; der Wald. Krähen, die sich zerstreuen; drei. Ihr Flug gleicht einer Sonate, voll verblichener Akkorde und männlicher Schwermut; leise löst sich eine goldene Wolke auf. Bei der Mühle zünden Knaben ein Feuer an. Flamme ist des Bleichsten Bruder und jener lacht vergraben in sein purpurnes Haar; oder es ist ein Ort des Mordes, an dem ein steiniger Weg vorbeiführt. Die Berberitzen sind verschwunden, jahrlang träumt es in bleierner Luft unter den Föhren; Angst, grünes Dunkel, das Gurgeln eines Ertrinkenden: aus dem Sternenweiher zieht der Fischer einen großen, schwarzen Fisch, Antlitz voll Grausamkeit und Irrsinn. Die Stimmen des Rohrs, hadernder Männer im Rücken schaukelt jener auf rotem Kahn über frierende Herbstwasser, lebend in dunklen Sagen seines Geschlechts und die Augen steinern über Nächte und jungfräuliche Schrecken aufgetan. Böse.

Was zwingt dich still zu stehen auf der verfallenen Stiege, im Haus deiner Väter? Bleierne Schwärze. Was hebst du mit silberner Hand an die Augen; und die Lider sinken wie trunken von Mohn? Aber durch die Mauer von Stein siehst du den Sternenhimmel, die Milchstraße, den Saturn; rot. Rasend an die Mauer von Stein klopft der kahle Baum. Du auf verfallenen Stufen: Baum, Stern, Stein! Du, ein blaues Tier, das leise zittert; du, der bleiche Priester, der es hinschlachtet am schwarzen Altar. O dein Lächeln im Dunkel, traurig und böse, daß ein Kind im Schlaf erbleicht. Eine rote Flamme sprang aus deiner Hand und ein Nachtfalter verbrannte daran. O die Flöte des Lichts; o die Flöte des Tods. Was zwang dich still zu stehen auf verfallener Stiege, im Haus deiner Väter? Drunten ans Tor klopft ein Engel mit kristallnem Finger.

O die Hölle des Schlafs; dunkle Gasse, braunes Gärtchen. Leise läutet im blauen Abend der Toten Gestalt. Grüne Blümchen umgaukeln sie und ihr Antlitz hat sie verlassen. Oder es neigt sich verblichen über die kalte Stirne des Mörders im Dunkel des Hausflurs; Anbetung, purpurne Flamme der Wollust; hinsterbend stürzte über schwarze Stufen der Schläfer ins Dunkel.

Jemand verließ dich am Kreuzweg und du schaust lange zurück. Silberner Schritt im Schatten verkrüppelter Apfelbäumchen. Purpurn leuchtet die Frucht im schwarzen Geäst und im Gras häutet sich die Schlange. O! das Dunkel; der Schweiß, der auf die eisige Stirne tritt und die traurigen Träume im Wein, in der Dorfschenke unter schwarzverrauchtem Gebälk. Du, noch Wildnis, die rosige Inseln zaubert aus dem braunen Tabaksgewölk und aus dem Innern den wilden Schrei eines Greifen holt, wenn er um schwarze Klippen jagt in Meer, Sturm und Eis. Du, ein grünes Metall und innen ein feuriges Gesicht, das hingehen will und singen vom Beinerhügel finstere Zeiten und den flammenden Sturz des Engels. O! Verzweiflung, die mit stummem Schrei ins Knie bricht.

Ein Toter besucht dich. Aus dem Herzen rinnt das selbstvergossene Blut und in schwarzer Braue nistet unsäglicher Augenblick; dunkle Begegnung. Du – ein purpurner Mond, da jener im grünen Schatten des Ölbaums erscheint. Dem folgt unvergängliche Nacht.

57

Der Herbst des Einsamen

Im Park

Wieder wandelnd im alten Park,
O! Stille gelb und roter Blumen.
Ihr auch trauert, ihr sanften Götter,
Und das herbstliche Gold der Ulme.
Reglos ragt am bläulichen Weiher
Das Rohr, verstummt am Abend die Drossel.
O! dann neige auch du die Stirne
Vor der Ahnen verfallenem Marmor.

Ein Winterabend

Wenn der Schnee ans Fenster fällt,
Lang die Abendglocke läutet,
Vielen ist der Tisch bereitet
Und das Haus ist wohlbestellt.

Mancher auf der Wanderschaft
Kommt ans Tor auf dunklen Pfaden.
Golden blüht der Baum der Gnaden
Aus der Erde kühlem Saft.

Wanderer tritt still herein;
Schmerz versteinerte die Schwelle.
Da erglänzt in reiner Helle
Auf dem Tische Brot und Wein.

Die Verfluchten

1

Es dämmert. Zum Brunnen gehn die alten Fraun.
Im Dunkel der Kastanien lacht ein Rot.
Aus einem Laden rinnt ein Duft von Brot
Und Sonnenblumen sinken übern Zaun.

Am Fluß die Schenke tönt noch lau und leis.
Guitarre summt; ein Klimperklang von Geld.
Ein Heiligenschein auf jene Kleine fällt,
Die vor der Glastür wartet sanft und weiß.

O! blauer Glanz, den sie in Scheiben weckt,
Umrahmt von Dornen, schwarz und starrverzückt.
Ein krummer Schreiber lächelt wie verrückt
Ins Wasser, das ein wilder Aufruhr schreckt.

2

Am Abend säumt die Pest ihr blau Gewand
Und leise schließt die Tür ein finstrer Gast.
Durchs Fenster sinkt des Ahorns schwarze Last;
Ein Knabe legt die Stirn in ihre Hand.

Oft sinken ihre Lider bös und schwer.
Des Kindes Hände rinnen durch ihr Haar
Und seine Tränen stürzen heiß und klar
In ihre Augenhöhlen schwarz und leer.

Ein Nest von scharlachfarbnen Schlangen bäumt
Sich träg in ihrem aufgewühlten Schoß.
Die Arme lassen ein Erstorbenes los,
Das eines Teppichs Traurigkeit umsäumt.

Ins braune Gärtchen tönt ein Glockenspiel.
Im Dunkel der Kastanien schwebt ein Blau,
Der süße Mantel einer fremden Frau.
Resedenduft; und glühendes Gefühl

Des Bösen. Die feuchte Stirn beugt kalt und bleich
Sich über Unrat, drin die Ratte wühlt,
Vom Scharlachglanz der Sterne lau umspült;
Im Garten fallen Äpfel dumpf und weich.

Die Nacht ist schwarz. Gespenstisch bläht der Föhn
Des wandelnden Knaben weißes Schlafgewand
Und leise greift in seinen Mund die Hand
Der Toten. Sonja lächelt sanft und schön.

Sonja

Abend kehrt in alten Garten;
Sonjas Leben, blaue Stille.
Wilder Vögel Wanderfahrten;
Kahler Baum in Herbst und Stille.

Sonnenblume, sanftgeneigte
Über Sonjas weißes Leben.
Wunde, rote, niegezeigte
Läßt in dunklen Zimmern leben,

Wo die blauen Glocken läuten;
Sonjas Schritt und sanfte Stille.
Sterbend Tier grüßt im Entgleiten,
Kahler Baum in Herbst und Stille.

Sonne alter Tage leuchtet
Über Sonjas weiße Brauen,

Schnee, der ihre Wangen feuchtet,
Und die Wildnis ihrer Brauen.

Entlang

Geschnitten sind Korn und Traube,
Der Weiler in Herbst und Ruh.
Hammer und Amboß klingt immerzu,
Lachen in purpurner Laube.

Astern von dunklen Zäunen
Bring dem weißen Kind.
Sag wie lang wir gestorben sind;
Sonne will schwarz erscheinen.

Rotes Fischlein im Weiher;
Stirn, die sich fürchtig belauscht;
Abendwind leise ans Fenster rauscht,
Blaues Orgelgeleier.

Stern und heimlich Gefunkel
Läßt noch einmal aufschaun.
Erscheinung der Mutter in Schmerz und Graun;
Schwarze Reseden im Dunkel.

60

Herbstseele

Jägerruf und Blutgebell;
Hinter Kreuz und braunem Hügel
Blindet sacht der Weiherspiegel,
Schreit der Habicht hart und hell.

Über Stoppelfeld und Pfad
Banget schon ein schwarzes Schweigen;
Reiner Himmel in den Zweigen;
Nur der Bach rinnt still und stad.

Bald entgleitet Fisch und Wild.
Blaue Seele, dunkles Wandern
Schied uns bald von Lieben, Andern.
Abend wechselt Sinn und Bild.

Rechten Lebens Brot und Wein,
Gott in deine milden Hände
Legt der Mensch das dunkle Ende,
Alle Schuld und rote Pein.

Afra

Ein Kind mit braunem Haar. Gebet und Amen
Verdunkeln still die abendliche Kühle
Und Afras Lächeln rot in gelbem Rahmen
Von Sonnenblumen, Angst und grauer Schwüle.

Gehüllt in blauen Mantel sah vor Zeiten
Der Mönch sie fromm gemalt an Kirchenfenstern;
Das will in Schmerzen freundlich noch geleiten,
Wenn ihre Sterne durch sein Blut gespenstern.

Herbstuntergang; und des Hollunders Schweigen.
Die Stirne rührt des Wassers blaue Regung,
Ein härnes Tuch gelegt auf eine Bahre.

Verfaulte Früchte fallen von den Zweigen;
Unsäglich ist der Vögel Flug, Begegnung
61 Mit Sterbenden; dem folgen dunkle Jahre.

Der Herbst des Einsamen

Der dunkle Herbst kehrt ein voll Frucht und Fülle,
Vergilbter Glanz von schönen Sommertagen.
Ein reines Blau tritt aus verfallener Hülle;
Der Flug der Vögel tönt von alten Sagen.
Gekeltert ist der Wein, die milde Stille
Erfüllt von leiser Antwort dunkler Fragen.

Und hier und dort ein Kreuz auf ödem Hügel;
Im roten Wald verliert sich eine Herde.
Die Wolke wandert übern Weiherspiegel;
Es ruht des Landmanns ruhige Geberde.
Sehr leise rührt des Abends blauer Flügel
Ein Dach von dürrem Stroh, die schwarze Erde.

Bald nisten Sterne in des Müden Brauen;
In kühle Stuben kehrt ein still Bescheiden
Und Engel treten leise aus den blauen
Augen der Liebenden, die sanfter leiden.
Es rauscht das Rohr; anfällt ein knöchern Grauen,
Wenn schwarz der Tau tropft von den kahlen Weiden.

Siebengesang des Todes

Ruh und Schweigen

Hirten begruben die Sonne im kahlen Wald.
Ein Fischer zog
In härenem Netz den Mond aus frierendem Weiher.

In blauem Kristall
Wohnt der bleiche Mensch, die Wang' an seine Sterne gelehnt;
Oder er neigt das Haupt in purpurnem Schlaf.

Doch immer rührt der schwarze Flug der Vögel
Den Schauenden, das Heilige blauer Blumen,
Denkt die nahe Stille Vergessenes, erloschene Engel.

Wieder nachtet die Stirne in mondenem Gestein;
Ein strahlender Jüngling
Erscheint die Schwester in Herbst und schwarzer Verwesung.

Anif

Erinnerung: Möven, gleitend über den dunklen Himmel
Männlicher Schwermut.
Stille wohnst du im Schatten der herbstlichen Esche,
Versunken in des Hügels gerechtes Maß;

Immer gehst du den grünen Fluß hinab,
Wenn es Abend geworden,
Tönende Liebe; friedlich begegnet das dunkle Wild,

Ein rosiger Mensch. Trunken von bläulicher Witterung
Rührt die Stirne das sterbende Laub
Und denkt das ernste Antlitz der Mutter;
O, wie alles ins Dunkel hinsinkt;

Die gestrengen Zimmer und das alte Gerät
Der Väter.
Dieses erschüttert die Brust des Fremdlings.
O, ihr Zeichen und Sterne.

Groß ist die Schuld des Geborenen. Weh, ihr goldenen Schauer
Des Todes,
Da die Seele kühlere Blüten träumt.

Immer schreit im kahlen Gezweig der nächtliche Vogel
Über des Mondenen Schritt,
Tönt ein eisiger Wind an den Mauern des Dorfs.

Geburt

Gebirge: Schwärze, Schweigen und Schnee.
Rot vom Wald niedersteigt die Jagd;
O, die moosigen Blicke des Wilds.

Stille der Mutter; unter schwarzen Tannen
Öffnen sich die schlafenden Hände,
Wenn verfallen der kalte Mond erscheint.

O, die Geburt des Menschen. Nächtlich rauscht
Blaues Wasser im Felsengrund;
Seufzend erblickt sein Bild der gefallene Engel,

Erwacht ein Bleiches in dumpfer Stube.
Zwei Monde
Erglänzen die Augen der steinernen Greisin.

Weh, der Gebärenden Schrei. Mit schwarzem Flügel
Rührt die Knabenschläfe die Nacht,
Schnee, der leise aus purpurner Wolke sinkt.

Untergang

An Karl Borromaeus Heinrich

Über den weißen Weiher
Sind die wilden Vögel fortgezogen.
Am Abend weht von unseren Sternen ein eisiger Wind.

Über unsere Gräber
Beugt sich die zerbrochene Stirne der Nacht.
Unter Eichen schaukeln wir auf einem silbernen Kahn.

Immer klingen die weißen Mauern der Stadt.
Unter Dornenbogen
O mein Bruder klimmen wir blinde Zeiger gen Mitternacht.

An einen Frühverstorbenen

O, der schwarze Engel, der leise aus dem Innern des Baums trat,
Da wir sanfte Gespielen am Abend waren,
Am Rand des bläulichen Brunnens.
Ruhig war unser Schritt, die runden Augen in der braunen Kühle
    des Herbstes,
O, die purpurne Süße der Sterne.

Jener aber ging die steinernen Stufen des Mönchsbergs hinab,
Ein blaues Lächeln im Antlitz und seltsam verpuppt
In seine stillere Kindheit und starb;
Und im Garten blieb das silberne Antlitz des Freundes zurück,
Lauschend im Laub oder im alten Gestein.

Seele sang den Tod, die grüne Verwesung des Fleisches
Und es war das Rauschen des Walds,
Die inbrünstige Klage des Wildes.
Immer klangen von dämmernden Türmen die blauen Glocken des
    Abends.

Stunde kam, da jener die Schatten in purpurner Sonne sah,
Die Schatten der Fäulnis in kahlem Geäst;
Abend, da an dämmernder Mauer die Amsel sang
Der Geist des Frühverstorbenen stille im Zimmer erschien.

O, das Blut, das aus der Kehle des Tönenden rinnt,
Blaue Blume; o die feurige Träne
Geweint in die Nacht.

Goldene Wolke und Zeit. In einsamer Kammer
Lädst du öfter den Toten zu Gast,
Wandelst in trautem Gespräch unter Ulmen den grünen Fluß hinab.   65

Geistliche Dämmerung

Stille begegnet am Saum des Waldes
Ein dunkles Wild;
Am Hügel endet leise der Abendwind,

Verstummt die Klage der Amsel,
Und die sanften Flöten des Herbstes
Schweigen im Rohr.

Auf schwarzer Wolke
Befährst du trunken von Mohn
Den nächtigen Weiher,

Den Sternenhimmel.
Immer tönt der Schwester mondene Stimme
Durch die geistliche Nacht.

Abendländisches Lied

O der Seele nächtlicher Flügelschlag:
Hirten gingen wir einst an dämmernden Wäldern hin
Und es folgte das rote Wild, die grüne Blume und der lallende Quell
Demutsvoll. O, der uralte Ton des Heimchens,
Blut blühend am Opferstein
Und der Schrei des einsamen Vogels über der grünen Stille des
    Teichs.

O, ihr Kreuzzüge und glühenden Martern
Des Fleisches, Fallen purpurner Früchte
Im Abendgarten, wo vor Zeiten die frommen Jünger gegangen,
Kriegsleute nun, erwachend aus Wunden und Sternenträumen.
O, das sanfte Zyanenbündel der Nacht.

O, ihr Zeiten der Stille und goldener Herbste,
Da wir friedliche Mönche die purpurne Traube gekeltert;
Und rings erglänzten Hügel und Wald.
O, ihr Jagden und Schlösser; Ruh des Abends,
Da in seiner Kammer der Mensch Gerechtes sann,
In stummem Gebet um Gottes lebendiges Haupt rang.

O, die bittere Stunde des Untergangs,
Da wir ein steinernes Antlitz in schwarzen Wassern beschaun.
Aber strahlend heben die silbernen Lider die Liebenden:
Ein Geschlecht. Weihrauch strömt von rosigen Kissen
Und der süße Gesang der Auferstandenen.

Verklärung

Wenn es Abend wird,
Verläßt dich leise ein blaues Antlitz.
Ein kleiner Vogel singt im Tamarindenbaum.

Ein sanfter Mönch
Faltet die erstorbenen Hände.
Ein weißer Engel sucht Marien heim.

Ein nächtiger Kranz
Von Veilchen, Korn und purpurnen Trauben
Ist das Jahr des Schauenden.

Zu deinen Füßen
Öffnen sich die Gräber der Toten,
Wenn du die Stirne in die silbernen Hände legst.

Stille wohnt
An deinem Mund der herbstliche Mond,
Trunken von Mohnsaft dunkler Gesang;

Blaue Blume,
Die leise tönt in vergilbtem Gestein.

Föhn

Blinde Klage im Wind, mondene Wintertage,
Kindheit, leise verhallen die Schritte an schwarzer Hecke,
Langes Abendgeläut.
Leise kommt die weiße Nacht gezogen,

Verwandelt in purpurne Träume Schmerz und Plage
Des steinigen Lebens,
Daß nimmer der dornige Stachel ablasse vom verwesenden Leib. ₆₇
Tief im Schlummer aufseufzt die bange Seele,

Tief der Wind in zerbrochenen Bäumen,
Und es schwankt die Klagegestalt
Der Mutter durch den einsamen Wald

Dieser schweigenden Trauer; Nächte,
Erfüllt von Tränen, feurigen Engeln.
Silbern zerschellt an kahler Mauer ein kindlich Gerippe.

Der Wanderer

Immer lehnt am Hügel die weiße Nacht,
Wo in Silbertönen die Pappel ragt,
Stern' und Steine sind.

Schlafend wölbt sich über den Gießbach der Steg,
Folgt dem Knaben ein erstorbenes Antlitz,
Sichelmond in rosiger Schlucht

Ferne preisenden Hirten. In altem Gestein
Schaut aus kristallenen Augen die Kröte,
Erwacht der blühende Wind, die Vogelstimme des Totengleichen
Und die Schritte ergrünen leise im Wald.

Dieses erinnert an Baum und Tier. Langsame Stufen von Moos;
Und der Mond,
Der glänzend in traurigen Wassern versinkt.

Jener kehrt wieder und wandelt an grünem Gestade,
Schaukelt auf schwarzem Gondelschiffchen durch die verfallene
    Stadt.

Karl Kraus

Weißer Hohepriester der Wahrheit,
Kristallne Stimme, in der Gottes eisiger Odem wohnt,
Zürnender Magier,
Dem unter flammendem Mantel der blaue Panzer des Kriegers
    klirrt.

68

An die Verstummten

O, der Wahnsinn der großen Stadt, da am Abend
An schwarzer Mauer verkrüppelte Bäume starren,
Aus silberner Maske der Geist des Bösen schaut;
Licht mit magnetischer Geißel die steinerne Nacht verdrängt.
O, das versunkene Läuten der Abendglocken.

Hure, die in eisigen Schauern ein totes Kindlein gebärt.
Rasend peitscht Gottes Zorn die Stirne des Besessenen,
Purpurne Seuche, Hunger, der grüne Augen zerbricht.
O, das gräßliche Lachen des Golds.

Aber stille blutet in dunkler Höhle stummere Menschheit,
Fügt aus harten Metallen das erlösende Haupt.

Passion

Wenn Orpheus silbern die Laute rührt,
Beklagend ein Totes im Abendgarten,
Wer bist du Ruhendes unter hohen Bäumen?
Es rauscht die Klage das herbstliche Rohr,
Der blaue Teich,
Hinsterbend unter grünenden Bäumen
Und folgend dem Schatten der Schwester;
Dunkle Liebe
Eines wilden Geschlechts,

Dem auf goldenen Rädern der Tag davonrauscht.
Stille Nacht.

Unter finsteren Tannen
Mischten zwei Wölfe ihr Blut
In steinerner Umarmung; ein Goldnes
Verlor sich die Wolke über dem Steg,
Geduld und Schweigen der Kindheit.
Wieder begegnet der zarte Leichnam
Am Tritonsteich
Schlummernd in seinem hyazinthenen Haar.
Daß endlich zerbräche das kühle Haupt!

Denn immer folgt, ein blaues Wild,
Ein Äugendes unter dämmernden Bäumen,
Dieser dunkleren Pfaden
Wachend und bewegt von nächtigem Wohllaut,
Sanftem Wahnsinn;
Oder es tönte dunkler Verzückung
Voll das Saitenspiel
Zu den kühlen Füßen der Büßerin
In der steinernen Stadt.

Siebengesang des Todes

Bläulich dämmert der Frühling; unter saugenden Bäumen
Wandert ein Dunkles in Abend und Untergang,
Lauschend der sanften Klage der Amsel.
Schweigend erscheint die Nacht, ein blutendes Wild,
Das langsam hinsinkt am Hügel.

In feuchter Luft schwankt blühendes Apfelgezweig,
Löst silbern sich Verschlungenes,
Hinsterbend aus nächtigen Augen; fallende Sterne;
Sanfter Gesang der Kindheit.

Erscheinender stieg der Schläfer den schwarzen Wald hinab,
Und es rauschte ein blauer Quell im Grund,
Daß jener leise die bleichen Lider aufhob
Über sein schneeiges Antlitz;

Und es jagte der Mond ein rotes Tier
Aus seiner Höhle;
Und es starb in Seufzern die dunkle Klage der Frauen.

Strahlender hob die Hände zu seinem Stern
Der weiße Fremdling;
Schweigend verläßt ein Totes das verfallene Haus.

O des Menschen verweste Gestalt: gefügt aus kalten Metallen,
Nacht und Schrecken versunkener Wälder
Und der sengenden Wildnis des Tiers;
Windesstille der Seele.

Auf schwärzlichem Kahn fuhr jener schimmernde Ströme hinab,
Purpurner Sterne voll, und es sank
Friedlich das ergrünte Gezweig auf ihn,
Mohn aus silberner Wolke.

Winternacht

Es ist Schnee gefallen. Nach Mitternacht verläßt du betrunken von purpurnem Wein den dunklen Bezirk der Menschen, die rote Flamme ihres Herdes. O die Finsternis!

Schwarzer Frost. Die Erde ist hart, nach Bitterem schmeckt die Luft. Deine Sterne schließen sich zu bösen Zeichen.

Mit versteinerten Schritten stampfst du am Bahndamm hin, mit runden Augen, wie ein Soldat, der eine schwarze Schanze stürmt. Avanti!

Bitterer Schnee und Mond!

Ein roter Wolf, den ein Engel würgt. Deine Beine klirren schreitend wie blaues Eis und ein Lächeln voll Trauer und Hochmut hat dein Antlitz versteinert und die Stirne erbleicht vor der Wollust des Frostes; oder sie neigt sich schweigend über den Schlaf eines Wächters, der in seiner hölzernen Hütte hinsank.

Frost und Rauch. Ein weißes Sternenhemd verbrennt die tragenden Schultern und Gottes Geier zerfleischen dein metallenes Herz.

O der steinerne Hügel. Stille schmilzt und vergessen der kühle Leib im silbernen Schnee hin.

Schwarz ist der Schlaf. Das Ohr folgt lange den Pfaden der Sterne im Eis.

Beim Erwachen klangen die Glocken im Dorf. Aus dem östlichen Tor trat silbern der rosige Tag.

Gesang des Abgeschiedenen

In Venedig

Stille in nächtigem Zimmer.
Silbern flackert der Leuchter
Vor dem singenden Odem
Des Einsamen;
Zaubrisches Rosengewölk.

Schwärzlicher Fliegenschwarm
Verdunkelt den steinernen Raum
Und es starrt von der Qual
Des goldenen Tags das Haupt
Des Heimatlosen.

Reglos nachtet das Meer.
Stern und schwärzliche Fahrt
Entschwand am Kanal.
Kind, dein kränkliches Lächeln
Folgte mir leise im Schlaf.

Vorhölle

An herbstlichen Mauern, es suchen Schatten dort
Am Hügel das tönende Gold
Weidende Abendwolken
In der Ruh verdorrter Platanen.
Dunklere Tränen odmet diese Zeit,
Verdammnis, da des Träumers Herz
Überfließt von purpurner Abendröte,
Der Schwermut der rauchenden Stadt;
Dem Schreitenden nachweht goldene Kühle
Dem Fremdling, vom Friedhof,
Als folgte im Schatten ein zarter Leichnam

Leise läutet der steinerne Bau;
Der Garten der Waisen, das dunkle Spital,
Ein rotes Schiff am Kanal.
Träumend steigen und sinken im Dunkel
Verwesende Menschen
Und aus schwärzlichen Toren
Treten Engel mit kalten Stirnen hervor;
Bläue, die Todesklagen der Mütter.
Es rollt durch ihr langes Haar,
Ein feuriges Rad, der runde Tag
Der Erde Qual ohne Ende.

In kühlen Zimmern ohne Sinn
Modert Gerät, mit knöchernen Händen
Tastet im Blau nach Märchen
Unheilige Kindheit,
Benagt die fette Ratte Tür und Truh,
Ein Herz
Erstarrt in schneeiger Stille.
Nachhallen die purpurnen Flüche
Des Hungers in faulendem Dunkel,
Die schwarzen Schwerter der Lüge,
Als schlüge zusammen ein ehernes Tor.

Die Sonne

Täglich kommt die gelbe Sonne über den Hügel.
Schön ist der Wald, das dunkle Tier,
Der Mensch; Jäger oder Hirt.

Rötlich steigt im grünen Weiher der Fisch.
Unter dem runden Himmel
Fährt der Fischer leise im blauen Kahn.

Langsam reift die Traube, das Korn.
Wenn sich stille der Tag neigt,
Ist ein Gutes und Böses bereitet.

Wenn es Nacht wird,
Hebt der Wanderer leise die schweren Lider;
Sonne aus finsterer Schlucht bricht.

Gesang einer gefangenen Amsel

Für Ludwig von Ficker

Dunkler Odem im grünen Gezweig.
Blaue Blümchen umschweben das Antlitz
Des Einsamen, den goldnen Schritt
Ersterbend unter dem Ölbaum.
Aufflattert mit trunknem Flügel die Nacht.
So leise blutet Demut,
Tau, der langsam tropft vom blühenden Dorn.
Strahlender Arme Erbarmen
Umfängt ein brechendes Herz.

Sommer

Am Abend schweigt die Klage
Des Kuckucks im Wald.
Tiefer neigt sich das Korn,
Der rote Mohn.

Schwarzes Gewitter droht
Über dem Hügel.
Das alte Lied der Grille
Erstirbt im Feld.

Nimmer regt sich das Laub
Der Kastanie.
Auf der Wendeltreppe
Rauscht dein Kleid.

Stille leuchtet die Kerze
Im dunklen Zimmer;
Eine silberne Hand
Löschte sie aus;

Windstille, sternlose Nacht. 74

Sommersneige

Der grüne Sommer ist so leise
Geworden, dein kristallenes Antlitz.
Am Abendweiher starben die Blumen,
Ein erschrockener Amselruf.

Vergebliche Hoffnung des Lebens. Schon rüstet
Zur Reise sich die Schwalbe im Haus
Und die Sonne versinkt am Hügel;
Schon winkt zur Sternenreise die Nacht.

Stille der Dörfer; es tönen rings
Die verlassenen Wälder. Herz,
Neige dich nun liebender
Über die ruhige Schläferin.

Der grüne Sommer ist so leise
Geworden und es läutet der Schritt
Des Fremdlings durch die silberne Nacht.
Gedächte ein blaues Wild seines Pfads,

Des Wohllauts seiner geistlichen Jahre!

Jahr

Dunkle Stille der Kindheit. Unter grünenden Eschen
Weidet die Sanftmut bläulichen Blickes; goldene Ruh.
Ein Dunkles entzückt der Duft der Veilchen; schwankende Ähren
Im Abend, Samen und die goldenen Schatten der Schwermut.
Balken behaut der Zimmermann; im dämmernden Grund
Mahlt die Mühle; im Hasellaub wölbt sich ein purpurner Mund,
Männliches rot über schweigende Wasser geneigt.
Leise ist der Herbst, der Geist des Waldes; goldene Wolke
Folgt dem Einsamen, der schwarze Schatten des Enkels.
Neige in steinernem Zimmer; unter alten Zypressen
Sind der Tränen nächtige Bilder zum Quell versammelt;
Goldenes Auge des Anbeginns, dunkle Geduld des Endes.

Abendland

Else Lasker-Schüler in Verehrung

1

Mond, als träte ein Totes
Aus blauer Höhle,
Und es fallen der Blüten
Viele über den Felsenpfad.
Silbern weint ein Krankes
Am Abendweiher,
Auf schwarzem Kahn
Hinüberstarben Liebende.
Oder es läuten die Schritte
Elis' durch den Hain
Den hyazinthenen
Wieder verhallend unter Eichen.
O des Knaben Gestalt
Geformt aus kristallenen Tränen,
Nächtigen Schatten.
Zackige Blitze erhellen die Schläfe
Die immerkühle,
Wenn am grünenden Hügel
Frühlingsgewitter ertönt.

2

So leise sind die grünen Wälder
Unsrer Heimat,
Die kristallne Woge
Hinsterbend an verfallner Mauer
Und wir haben im Schlaf geweint;
Wandern mit zögernden Schritten
An der dornigen Hecke hin
Singende im Abendsommer,
In heiliger Ruh

Des fern verstrahlenden Weinbergs;
Schatten nun im kühlen Schoß
Der Nacht, trauernde Adler.
So leise schließt ein mondener Strahl
Die purpurnen Male der Schwermut.

3

Ihr großen Städte
Steinern aufgebaut
In der Ebene!
So sprachlos folgt
Der Heimatlose
Mit dunkler Stirne dem Wind,
Kahlen Bäumen am Hügel.
Ihr weithin dämmernden Ströme!
Gewaltig ängstet
Schaurige Abendröte
Im Sturmgewölk.
Ihr sterbenden Völker!
Bleiche Woge
Zerschellend am Strande der Nacht,
Fallende Sterne.

Frühling der Seele

Aufschrei im Schlaf; durch schwarze Gassen stürzt der Wind,
Das Blau des Frühlings winkt durch brechendes Geäst,
Purpurner Nachttau und es erlöschen rings die Sterne.
Grünlich dämmert der Fluß, silbern die alten Alleen
Und die Türme der Stadt. O sanfte Trunkenheit
Im gleitenden Kahn und die dunklen Rufe der Amsel
In kindlichen Gärten. Schon lichtet sich der rosige Flor.

Feierlich rauschen die Wasser. O die feuchten Schatten der Au,
Das schreitende Tier; Grünendes, Blütengezweig
Rührt die kristallene Stirne; schimmernder Schaukelkahn.

Leise tönt die Sonne im Rosengewölk am Hügel.
Groß ist die Stille des Tannenwalds, die ernsten Schatten am Fluß.

Reinheit! Reinheit! Wo sind die furchtbaren Pfade des Todes,
Des grauen steinernen Schweigens, die Felsen der Nacht
Und die friedlosen Schatten? Strahlender Sonnenabgrund.

Schwester, da ich dich fand an einsamer Lichtung
Des Waldes und Mittag war und groß das Schweigen des Tiers;
Weiße unter wilder Eiche, und es blühte silbern der Dorn.
Gewaltiges Sterben und die singende Flamme im Herzen.

Dunkler umfließen die Wasser die schönen Spiele der Fische.
Stunde der Trauer, Schweigender Anblick der Sonne;
Es ist die Seele ein Fremdes auf Erden. Geistlich dämmert
Bläue über dem verhauenen Wald und es läutet
Lange eine dunkle Glocke im Dorf; friedlich Geleit.
Stille blüht die Myrthe über den weißen Lidern des Toten.

Leise tönen die Wasser im sinkenden Nachmittag
Und es grünet dunkler die Wildnis am Ufer, Freude im rosigen
    Wind;
Der sanfte Gesang des Bruders am Abendhügel.

Im Dunkel

Es schweigt die Seele den blauen Frühling.
Unter feuchtem Abendgezweig
Sank in Schauern die Stirne den Liebenden.

O das grünende Kreuz. In dunklem Gespräch
Erkannten sich Mann und Weib.
An kahler Mauer
Wandelt mit seinen Gestirnen der Einsame.

Über die mondbeglänzten Wege des Walds
Sank die Wildnis

Vergessener Jagden; Blick der Bläue
Aus verfallenen Felsen bricht.

Gesang des Abgeschiedenen

An Karl Borromaeus Heinrich

Voll Harmonien ist der Flug der Vögel. Es haben die grünen Wälder
Am Abend sich zu stilleren Hütten versammelt;
Die kristallenen Weiden des Rehs.
Dunkles besänftigt das Plätschern des Bachs, die feuchten Schatten

Und die Blumen des Sommers, die schön im Winde läuten.
Schon dämmert die Stirne dem sinnenden Menschen.

Und es leuchtet ein Lämpchen, das Gute, in seinem Herzen
Und der Frieden des Mahls; denn geheiligt ist Brot und Wein
Von Gottes Händen, und es schaut aus nächtigen Augen
Stille dich der Bruder an, daß er ruhe von dorniger Wanderschaft.
O das Wohnen in der beseelten Bläue der Nacht.

Liebend auch umfängt das Schweigen im Zimmer die Schatten der
    Alten,
Die purpurnen Martern, Klage eines großen Geschlechts,
Das fromm nun hingeht im einsamen Enkel.

Denn strahlender immer erwacht aus schwarzen Minuten des
    Wahnsinns
Der Duldende an versteinerter Schwelle
Und es umfängt ihn gewaltig die kühle Bläue und die leuchtende
    Neige des Herbstes,

Das stille Haus und die Sagen des Waldes,
Maß und Gesetz und die mondenen Pfade der Abgeschiedenen.

Traum und Umnachtung

Am Abend ward zum Greis der Vater; in dunklen Zimmern versteinerte das Antlitz der Mutter und auf dem Knaben lastete der Fluch des entarteten Geschlechts. Manchmal erinnerte er sich seiner Kindheit, erfüllt von Krankheit, Schrecken und Finsternis, verschwiegener Spiele im Sternengarten, oder daß er die Ratten fütterte im dämmernden Hof. Aus blauem Spiegel trat die schmale Gestalt der Schwester und er stürzte wie tot ins Dunkel. Nachts brach sein Mund gleich einer roten Frucht auf und die Sterne erglänzten über seiner sprachlosen Trauer. Seine Träume erfüllten das alte Haus der Väter. Am Abend ging er gerne über den verfallenen Friedhof, oder er besah in dämmernder Totenkammer die Leichen, die grünen Flecken der Verwesung auf ihren schönen Händen. An der Pforte des Klosters bat er um ein Stück Brot; der Schatten eines Rappen sprang aus dem Dunkel und erschreckte ihn. Wenn er in seinem kühlen Bette lag, überkamen ihn unsägliche Tränen. Aber es war niemand, der die Hand auf seine Stirne gelegt hätte. Wenn der Herbst kam, ging er, ein Hellseher, in brauner Au. O, die Stunden wilder Verzückung, die Abende am grünen Fluß, die Jagden. O, die Seele, die leise das Lied des vergilbten Rohrs sang; feurige Frömmigkeit. Stille sah er und lang in die Sternenaugen der Kröte, befühlte mit erschauernden Händen die Kühle des alten Steins und besprach die ehrwürdige Sage des blauen Quells. O, die silbernen Fische und die Früchte, die von verkrüppelten Bäumen fielen. Die Akkorde seiner Schritte erfüllten ihn mit Stolz und Menschenverachtung. Am Heimweg traf er ein unbewohntes Schloß. Verfallene Götter standen im Garten, hintrauernd am Abend. Ihm aber schien: hier lebte ich vergessene Jahre. Ein Orgelchoral erfüllte ihn mit Gottes Schauern. Aber in dunkler Höhle verbrachte er seine Tage, log und stahl und verbarg sich, ein flammender Wolf, vor dem weißen Antlitz der Mutter. O, die Stunde, da er mit steinernem Munde im Sternengarten hinsank, der Schatten des Mörders über ihn kam. Mit purpurner Stirne ging er ins Moor und Gottes Zorn züchtigte seine metallenen Schultern; o, die Birken im Sturm, das dunkle Getier, das seine umnachteten Pfade mied. Haß verbrannte sein Herz, Wollust, da er im grünenden Sommergarten dem schweigenden Kind Gewalt tat, in dem strahlenden sein umnachtetes Antlitz erkannte. Weh, des Abends am Fenster, da aus purpurnen Blumen, ein gräulich Gerippe, der Tod trat. O, ihr Türme und Glocken; und die Schatten der Nacht fielen steinern auf ihn.

Niemand liebte ihn. Sein Haupt verbrannte Lüge und Unzucht in dämmernden Zimmern. Das blaue Rauschen eines Frauengewandes ließ ihn zur Säule erstarren und in der Tür stand die nächtige Gestalt seiner Mutter. Zu seinen Häupten erhob sich der Schatten des Bösen. O, ihr Nächte und Sterne. Am Abend ging er mit dem Krüppel am Berge hin; auf eisigem Gipfel lag der rosige Glanz der Abendröte und sein Herz läutete leise in der Dämmerung. Schwer sanken die stürmischen Tannen über sie und der rote Jäger trat aus dem Wald. Da es Nacht ward, zerbrach kristallen sein Herz und die Finsternis schlug seine Stirne. Unter kahlen Eichbäumen erwürgte er mit eisigen Händen eine wilde Katze. Klagend zur Rechten erschien die weiße Gestalt eines Engels, und es wuchs im Dunkel der Schatten des Krüppels. Er aber hob einen Stein und warf ihn nach jenem, daß er heulend floh, und seufzend verging im Schatten des Baums das sanfte Antlitz des Engels. Lange lag er auf steinigem Acker und sah staunend das goldene Zelt der Sterne. Von Fledermäusen gejagt, stürzte er fort ins Dunkel. Atemlos trat er ins verfallene Haus. Im Hof trank er, ein wildes Tier, von den blauen Wassern des Brunnens, bis ihn fror. Fiebernd saß er auf der eisigen Stiege, rasend gen Gott, daß er stürbe. O, das graue Antlitz des Schreckens, da er die runden Augen über einer Taube zerschnittener Kehle aufhob. Huschend über fremde Stiegen begegnete er einem Judenmädchen und er griff nach ihrem schwarzen Haar und er nahm ihren Mund. Feindliches folgte ihm durch finstere Gassen und sein Ohr zerriß ein eisernes Klirren. An herbstlichen Mauern folgte er, ein Mesnerknabe, stille dem schweigenden Priester; unter verdorrten Bäumen atmete er trunken den Scharlach jenes ehrwürdigen Gewands. O, die verfallene Scheibe der Sonne. Süße Martern verzehrten sein Fleisch. In einem veröden Durchhaus erschien ihm starrend von Unrat seine blutende Gestalt. Tiefer liebte er die erhabenen Werke des Steins; den Turm, der mit höllischen Fratzen nächtlich den blauen Sternenhimmel stürmt; das kühle Grab, darin des Menschen feuriges Herz bewahrt ist. Weh, der unsäglichen Schuld, die jenes kundtut. Aber da er Glühendes sinnend den herbstlichen Fluß hinabging unter kahlen Bäumen hin, erschien in härenem Mantel ihm, ein flammender Dämon, die Schwester. Beim Erwachen erloschen zu ihren Häuptern die Sterne.

O des verfluchten Geschlechts. Wenn in befleckten Zimmern jegliches Schicksal vollendet ist, tritt mit modernden Schritten der Tod in das Haus. O, daß draußen Frühling wäre und im blühenden Baum ein lieblicher Vogel sänge. Aber gräulich verdorrt das spärliche Grün an den Fenstern der Nächtlichen und es sinnen die blutenden Herzen noch Böses. O, die dämmernden Frühlingswege des Sinnenden. Gerechter erfreut ihn die blühende Hecke, die junge Saat des Landmanns und der singende Vogel, Gottes sanftes Geschöpf; die Abendglocke und die schöne Gemeine der Menschen. Daß er seines Schicksals vergäße und des dornigen Stachels. Frei ergrünt der Bach, wo silbern wandelt sein Fuß, und ein sagender Baum rauscht über dem umnachteten Haupt ihm. Also hebt er mit schmächtiger Hand die Schlange, und in feurigen Tränen schmolz ihm das Herz hin. Erhaben ist das Schweigen des Walds, ergrüntes Dunkel und das moosige Getier, aufflatternd, wenn es Nacht wird. O der Schauer, da jegliches seine Schuld weiß, dornige Pfade geht. Also fand er im Dornenbusch die weiße Gestalt des Kindes, blutend nach dem Mantel seines Bräutigams. Er aber stand vergraben in sein stählernes Haar stumm und leidend vor ihr. O die strahlenden Engel, die der purpurne Nachtwind zerstreute. Nachtlang wohnte er in kristallener Höhle und der Aussatz wuchs silbern auf seiner Stirne. Ein Schatten ging er den Saumpfad hinab unter herbstlichen Sternen. Schnee fiel, und blaue Finsternis erfüllte das Haus. Eines Blinden klang die harte Stimme des Vaters und beschwor das Grauen. Weh der gebeugten Erscheinung der Frauen. Unter erstarrten Händen verfielen Frucht und Gerät dem entsetzten Geschlecht. Ein Wolf zerriß das Erstgeborene und die Schwestern flohen in dunkle Gärten zu knöchernen Greisen. Ein umnachteter Seher sang jener an verfallenen Mauern und seine Stimme verschlang Gottes Wind. O die Wollust des Todes. O ihr Kinder eines dunklen Geschlechts. Silbern schimmern die bösen Blumen des Bluts an jenes Schläfe, der kalte Mond in seinen zerbrochenen Augen. O, der Nächtlichen; o, der Verfluchten.

Tief ist der Schlummer in dunklen Giften, erfüllt von Sternen und dem weißen Antlitz der Mutter, dem steinernen. Bitter ist der

Tod, die Kost der Schuldbeladenen; in dem braunen Geäst des Stamms zerfielen grinsend die irdenen Gesichter. Aber leise sang jener im grünen Schatten des Hollunders, da er aus bösen Träumen erwachte; süßer Gespiele nahte ihm ein rosiger Engel, daß er, ein sanftes Wild, zur Nacht hinschlummerte; und er sah das Sternenantlitz der Reinheit. Golden sanken die Sonnenblumen über den Zaun des Gartens, da es Sommer ward. O, der Fleiß der Bienen und das grüne Laub des Nußbaums; die vorüberziehenden Gewitter. Silbern blühte der Mohn auch, trug in grüner Kapsel unsere nächtigen Sternenträume. O, wie stille war das Haus, als der Vater ins Dunkel hinging. Purpurn reifte die Frucht am Baum und der Gärtner rührte die harten Hände; o die härenen Zeichen in strahlender Sonne. Aber stille trat am Abend der Schatten des Toten in den trauernden Kreis der Seinen und es klang kristallen sein Schritt über die grünende Wiese vorm Wald. Schweigende versammelten sich jene am Tisch; Sterbende brachen sie mit wächsernen Händen das Brot, das blutende. Weh der steinernen Augen der Schwester, da beim Mahle ihr Wahnsinn auf die nächtige Stirne des Bruders trat, der Mutter unter leidenden Händen das Brot zu Stein ward. O der Verwesten, da sie mit silbernen Zungen die Hölle schwiegen. Also erloschen die Lampen im kühlen Gemach und aus purpurnen Masken sahen schweigend sich die leidenden Menschen an. Die Nacht lang rauschte ein Regen und erquickte die Flur. In dorniger Wildnis folgte der Dunkle den vergilbten Pfaden im Korn, dem Lied der Lerche und der sanften Stille des grünen Gezweigs, daß er Frieden fände. O, ihr Dörfer und moosigen Stufen, glühender Anblick. Aber beinern schwanken die Schritte über schlafende Schlangen am Waldsaum und das Ohr folgt immer dem rasenden Schrei des Geiers. Steinige Öde fand er am Abend, Geleite eines Toten in das dunkle Haus des Vaters. Purpurne Wolke umwölkte sein Haupt, daß er schweigend über sein eigenes Blut und Bildnis herfiel, ein mondenes Antlitz; steinern ins Leere hinsank, da in zerbrochenem Spiegel, ein sterbender Jüngling, die Schwester erschien; die Nacht das verfluchte Geschlecht verschlang.

Veröffentlichungen im »Brenner«
1914/15

In Hellbrunn

Wieder folgend der blauen Klage des Abends
Am Hügel hin, am Frühlingsweiher –
Als schwebten darüber die Schatten lange Verstorbener,
Die Schatten der Kirchenfürsten, edler Frauen –
Schon blühen ihre Blumen, die ernsten Veilchen
Im Abendgrund, rauscht des blauen Quells
Kristallne Woge. So geistlich ergrünen
Die Eichen über den vergessenen Pfaden der Toten,
Die goldene Wolke über dem Weiher.

Das Herz

Das wilde Herz ward weiß am Wald;
O dunkle Angst
Des Todes, so das Gold
In grauer Wolke starb.
Novemberabend.
Am kahlen Tor am Schlachthaus stand
Der armen Frauen Schar;
In jeden Korb
Fiel faules Fleisch und Eingeweid;
Verfluchte Kost!

Des Abends blaue Taube
Brachte nicht Versöhnung.
Dunkler Trompetenruf
Durchfuhr der Ulmen
Nasses Goldlaub,
Eine zerfetzte Fahne

Vom Blute rauchend,
Daß in wilder Schwermut
Hinlauscht ein Mann.
O! ihr ehernen Zeiten
Begraben dort im Abendrot.

Aus dunklem Hausflur trat
Die goldne Gestalt
Der Jünglingin
Umgeben von bleichen Monden,
Herbstlicher Hofstaat,
Zerknickten schwarze Tannen
Im Nachtsturm,
Die steile Festung.
O Herz
Hinüberschimmernd in schneeige Kühle.

Der Schlaf

Verflucht ihr dunklen Gifte,
Weißer Schlaf!
Dieser höchst seltsame Garten
Dämmernder Bäume
Erfüllt von Schlangen, Nachtfaltern,
Spinnen, Fledermäusen.
Fremdling! Dein verlorner Schatten
Im Abendrot,
Ein finsterer Korsar
Im salzigen Meer der Trübsal.
Aufflattern weiße Vögel am Nachtsaum
Über stürzenden Städten
Von Stahl.

Das Gewitter

Ihr wilden Gebirge, der Adler
Erhabene Trauer.
Goldnes Gewölk
Raucht über steinerner Öde.
Geduldige Stille odmen die Föhren,
Die schwarzen Lämmer am Abgrund
Wo plötzlich die Bläue
Seltsam verstummt,
Das sanfte Summen der Hummeln.
O grüne Blume –
O Schweigen. 88

Traumhaft erschüttern des Wildbachs
Dunkle Geister das Herz,
Finsternis,
Die über die Schluchten hereinbricht!
Weiße Stimmen
Irrend durch schaurige Vorhöfe,
Zerrißne Terrassen,
Der Väter gewaltiger Groll, die Klage
Der Mütter,
Des Knaben goldener Kriegsschrei
Und Ungebornes
Seufzend aus blinden Augen.

O Schmerz, du flammendes Anschaun
Der großen Seele!
Schon zuckt im schwarzen Gewühl
Der Rosse und Wagen
Ein rosenschauriger Blitz
In die tönende Fichte.
Magnetische Kühle
Umschwebt dies stolze Haupt,
Glühende Schwermut
Eines zürnenden Gottes.

Angst, du giftige Schlange,
Schwarze, stirb im Gestein!
Da stürzen der Tränen
Wilde Ströme herab,
Sturm-Erbarmen,
Hallen in drohenden Donnern
Die schneeigen Gipfel rings.
Feuer
Läutert zerrissene Nacht.

89

Der Abend

Mit toten Heldengestalten
Erfüllst du Mond
Die schweigenden Wälder,
Sichelmond –
Mit der sanften Umarmung
Der Liebenden,
Den Schatten berühmter Zeiten
Die modernden Felsen rings;
So bläulich erstrahlt es
Gegen die Stadt hin,
Wo kalt und böse
Ein verwesend Geschlecht wohnt,
Der weißen Enkel
Dunkle Zukunft bereitet.
Ihr mondverschlungnen Schatten
Aufseufzend im leeren Kristall
Des Bergsees.

90

Die Nacht

Dich sing ich wilde Zerklüftung,
Im Nachtsturm
Aufgetürmtes Gebirge;
Ihr grauen Türme
Überfließend von höllischen Fratzen,
Feurigem Getier,
Rauhen Farnen, Fichten,
Kristallnen Blumen.
Unendliche Qual,
Daß du Gott erjagtest
Sanfter Geist,
Aufseufzend im Wassersturz,
In wogenden Föhren.

Golden lodern die Feuer
Der Völker rings.
Über schwärzliche Klippen
Stürzt todestrunken
Die erglühende Windsbraut,
Die blaue Woge
Des Gletschers
Und es dröhnt
Gewaltig die Glocke im Tal:
Flammen, Flüche
Und die dunklen
Spiele der Wollust,
Stürmt den Himmel
Ein versteinertes Haupt.

90

Die Schwermut

Gewaltig bist du dunkler Mund
Im Innern, aus Herbstgewölk
Geformte Gestalt,
Goldner Abendstille;
Ein grünlich dämmernder Bergstrom
In zerbrochner Föhren
Schattenbezirk;
Ein Dorf,
Das fromm in braunen Bildern abstirbt.

Da springen die schwarzen Pferde
Auf nebliger Weide.
Ihr Soldaten!
Vom Hügel, wo sterbend die Sonne rollt
Stürzt das lachende Blut –
Unter Eichen
Sprachlos! O grollende Schwermut
Des Heers; ein strahlender Helm
Sank klirrend von purpurner Stirne.

Herbstesnacht so kühle kommt,
Erglänzt mit Sternen
Über zerbrochenem Männergebein
Die stille Mönchin.

91

Die Heimkehr

Die Kühle dunkler Jahre,
Schmerz und Hoffnung
Bewahrt zyklopisch Gestein,
Menschenleeres Gebirge,
Des Herbstes goldner Odem,
Abendwolke –
Reinheit!

Anschaut aus blauen Augen
Kristallne Kindheit;
Unter dunklen Fichten
Liebe, Hoffnung,
Daß von feurigen Lidern
Tau ins starre Gras tropft –
Unaufhaltsam!

O! dort der goldene Steg
Zerbrechend im Schnee
Des Abgrunds!
Blaue Kühle
Odmet das nächtige Tal,
Glaube, Hoffnung!
Gegrüßt du einsamer Friedhof!

Klage

Jüngling aus kristallnem Munde
Sank dein goldner Blick ins Tal;
Waldes Woge rot und fahl
In der schwarzen Abendstunde.
Abend schlägt so tiefe Wunde!

Angst! des Todes Traumbeschwerde,
Abgestorben Grab und gar
Schaut aus Baum und Wild das Jahr;
Kahles Feld und Ackererde.
Ruft der Hirt die bange Herde.

92

Schwester, deine blauen Brauen
Winken leise in der Nacht.
Orgel seufzt und Hölle lacht
Und es faßt das Herz ein Grauen;
Möchte Stern und Engel schauen.

Mutter muß ums Kindlein zagen;
Rot ertönt im Schacht das Erz,
Wollust, Tränen, steinern Schmerz,
Der Titanen dunkle Sagen.
Schwermut! einsam Adler klagen.

Nachtergebung

Mönchin! schließ mich in dein Dunkel,
Ihr Gebirge kühl und blau!
Niederblutet dunkler Tau;
Kreuz ragt steil im Sterngefunkel.

Purpurn brachen Mund und Lüge
In verfallner Kammer kühl;
Scheint noch Lachen, golden Spiel,
Einer Glocke letzte Züge.

Mondeswolke! Schwärzlich fallen
Wilde Früchte nachts vom Baum
Und zum Grabe wird der Raum
Und zum Traum dies Erdenwallen.

Im Osten

Den wilden Orgeln des Wintersturms
Gleicht des Volkes finstrer Zorn,
Die purpurne Woge der Schlacht,
Entlaubter Sterne.

Mit zerbrochnen Brauen, silbernen Armen
Winkt sterbenden Soldaten die Nacht.
Im Schatten der herbstlichen Esche
Seufzen die Geister der Erschlagenen.

Dornige Wildnis umgürtet die Stadt.
Von blutenden Stufen jagt der Mond
Die erschrockenen Frauen.
Wilde Wölfe brachen durchs Tor.

Klage

Schlaf und Tod, die düstern Adler
Umrauschen nachtlang dieses Haupt:
Des Menschen goldnes Bildnis
Verschlänge die eisige Woge
Der Ewigkeit. An schaurigen Riffen
Zerschellt der purpurne Leib
Und es klagt die dunkle Stimme
Über dem Meer.
Schwester stürmischer Schwermut
Sieh ein ängstlicher Kahn versinkt
Unter Sternen,
Dem schweigenden Antlitz der Nacht.

Grodek

Am Abend tönen die herbstlichen Wälder
Von tödlichen Waffen, die goldnen Ebenen
Und blauen Seen, darüber die Sonne
Düstrer hinrollt; umfängt die Nacht
Sterbende Krieger, die wilde Klage
Ihrer zerbrochenen Münder.
Doch stille sammelt im Weidengrund
Rotes Gewölk, darin ein zürnender Gott wohnt
Das vergoßne Blut sich, mondne Kühle;
Alle Straßen münden in schwarze Verwesung.
Unter goldnem Gezweig der Nacht und Sternen
Es schwankt der Schwester Schatten durch den schweigenden Hain,
Zu grüßen die Geister der Helden, die blutenden Häupter;
Und leise tönen im Rohr die dunkeln Flöten des Herbstes.

94

O stolzere Trauer! ihr ehernen Altäre
Die heiße Flamme des Geistes nährt heute ein gewaltiger Schmerz,
Die ungebornen Enkel.

Offenbarung und Untergang

Seltsam sind die nächtigen Pfade des Menschen. Da ich nachtwandelnd an steinernen Zimmern hinging und es brannte in jedem ein stilles Lämpchen, ein kupferner Leuchter, und da ich frierend aufs Lager hinsank, stand zu Häupten wieder der schwarze Schatten der Fremdlingin und schweigend verbarg ich das Antlitz in den langsamen Händen. Auch war am Fenster blau die Hyazinthe aufgeblüht und es trat auf die purpurne Lippe des Odmenden das alte Gebet, sanken von den Lidern kristallne Tränen geweint um die bittere Welt. In dieser Stunde war ich im Tod meines Vaters der weiße Sohn. In blauen Schauern kam vom Hügel der Nachtwind, die dunkle Klage der Mutter, hinsterbend wieder und ich sah die schwarze Hölle in meinem Herzen; Minute schimmernder Stille. Leise trat aus kalkiger Mauer ein unsägliches Antlitz – ein sterbender Jüngling – die Schönheit eines heimkehrenden Geschlechts. Mondesweiß umfing die Kühle des Steins die wachende Schläfe, verklangen die Schritte der Schatten auf verfallenen Stufen, ein rosiger Reigen im Gärtchen.

Schweigend saß ich in verlassener Schenke unter verrauchtem Holzgebälk und einsam beim Wein; ein strahlender Leichnam über ein Dunkles geneigt und es lag ein totes Lamm zu meinen Füßen. Aus verwesender Bläue trat die bleiche Gestalt der Schwester und also sprach ihr blutender Mund: Stich schwarzer Dorn. Ach noch tönen von wilden Gewittern die silbernen Arme mir. Fließe Blut von den mondenen Füßen, blühend auf nächtigen Pfaden, darüber schreiend die Ratte huscht. Aufflackert ihr Sterne in meinen gewölbten Brauen; und es läutet leise das Herz in der Nacht. Einbrach ein roter Schatten mit flammendem Schwert in das Haus, floh mit schneeiger Stirne. O bitterer Tod.

Und es sprach eine dunkle Stimme aus mir: Meinem Rappen brach ich im nächtigen Wald das Genick, da aus seinen purpurnen Augen der Wahnsinn sprang; die Schatten der Ulmen fielen auf mich, das blaue Lachen des Quells und die schwarze Kühle der Nacht, da ich ein wilder Jäger aufjagte ein schneeiges Wild; in steinerner Hölle mein Antlitz erstarb.

Und schimmernd fiel ein Tropfen Blutes in des Einsamen Wein; und da ich davon trank, schmeckte er bitterer als Mohn; und eine schwärzliche Wolke umhüllte mein Haupt, die kristallenen Tränen verdammter Engel; und leise rann aus silberner Wunde der Schwester das Blut und fiel ein feuriger Regen auf mich.

Am Saum des Waldes will ich ein Schweigendes gehn, dem aus sprachlosen Händen die härene Sonne sank; ein Fremdling am Abendhügel, der weinend aufhebt die Lider über die steinerne Stadt; ein Wild, das stille steht im Frieden des alten Hollunders; o ruhlos lauscht das dämmernde Haupt, oder es folgen die zögernden Schritte der blauen Wolke am Hügel, ernsten Gestirnen auch. Zur Seite geleitet stille die grüne Saat, begleitet auf moosigen Waldespfaden scheu das Reh. Es haben die Hütten der Dörfler sich stumm verschlossen und es ängstigt in schwarzer Windesstille die blaue Klage des Wildbachs.

Aber da ich den Felsenpfad hinabstieg, ergriff mich der Wahnsinn und ich schrie laut in der Nacht; und da ich mit silbernen Fingern mich über die schweigenden Wasser bog, sah ich daß mich mein Antlitz verlassen. Und die weiße Stimme sprach zu mir: Töte dich! Seufzend erhob sich eines Knaben Schatten in mir und sah mich strahlend aus kristallnen Augen an, daß ich weinend unter den Bäumen hinsank, dem gewaltigen Sternengewölbe.

Friedlose Wanderschaft durch wildes Gestein ferne den Abendweilern, heimkehrenden Herden; ferne weidet die sinkende Sonne auf kristallner Wiese und es erschüttert ihr wilder Gesang, der einsame Schrei des Vogels, ersterbend in blauer Ruh. Aber leise kommst du in der Nacht, da ich wachend am Hügel lag, oder rasend im Frühlingsgewitter; und schwärzer immer umwölkt die Schwermut das abgeschiedene Haupt, erschrecken schaurige Blitze die nächtige Seele, zerreißen deine Hände die atemlose Brust mir.

Da ich in den dämmernden Garten ging, und es war die schwarze Gestalt des Bösen von mir gewichen, umfing mich die hyazinthene Stille der Nacht; und ich fuhr auf gebogenem Kahn über den ruhenden Weiher und süßer Frieden rührte die versteinerte Stirne mir. Sprachlos lag ich unter den alten Weiden und es war der blaue Himmel hoch über mir und voll von Sternen; und da ich anschauend hinstarb, starben Angst und der Schmerzen tiefster in mir; und es hob sich der blaue Schatten des Knaben strahlend im Dunkel, sanfter Gesang; hob sich auf mondenen Flügeln über die grünenden Wipfel, kristallene Klippen das weiße Antlitz der Schwester.

Mit silbernen Sohlen stieg ich die dornigen Stufen hinab und ich trat ins kalkgetünchte Gemach. Stille brannte ein Leuchter darin und ich verbarg in purpurnen Linnen schweigend das Haupt; und es warf die Erde einen kindlichen Leichnam aus, ein mondenes Gebilde, das langsam aus meinem Schatten trat, mit zerbrochenen Armen steinerne Stürze hinabsank, flockiger Schnee.

Sonstige

Gedichtveröffentlichungen

Das Morgenlied

Nun schreite herab, titanischer Bursche,
Und wecke die vielgeliebte Schlummernde dir!
Schreite herab, und umgürte
Mit zartlichten Blüten das träumende Haupt.
Entzünde den bangenden Himmel mit lodernder Fackel,
Daß die erblassenden Sterne tanzend ertönen
Und die fliegenden Schleier der Nacht
Aufflammend vergehen,
Daß die zyklopischen Wolken zerstieben,
In denen der Winter, der Erde entfliehend,
Noch heulend droht mit eisigen Schauern,
Und die himmlischen Fernen sich auftun in leuchtender Reinheit.
Und steigst dann, Herrlicher du, mit fliegenden Locken
Zur Erde herab, empfängt sie mit seligem Schweigen
Den brünstigen Freier, und in tiefen Schauern erbebend
Von deiner so wilden, sturmrasenden Umarmung,
Öffnet sie dir ihren heiligen Schoß.
Und es erfaßt die Trunkene süßeste Ahnung,
Wenn Blütenglühender du das keimende Leben
Ihr weckest, des hohe Vergangenheit
Höherer Zukunft sich zudrängt,
Das dir gleich ist, wie du dir selber gleichst,
Und deinem Willen ergeben, stets Bewegter,
Daß an ihr ein ewig Rätselvolles
In hoher Schönheit sich wieder künftig erneuert.

Traumwandler

Wo bist du, die mir zur Seite ging,
Wo bist du, Himmelsangesicht?
Ein rauher Wind höhnt mir ins Ohr: du Narr!
Ein Traum! Ein Traum! Du Tor!
Und doch, und doch! Wie war es einst,
Bevor ich in Nacht und Verlassenheit schritt?
Weißt du es noch, du Narr, du Tor!
Meiner Seele Echo, der rauhe Wind:
O Narr! O Tor!
Stand sie mit bittenden Händen nicht,
Ein trauriges Lächeln um den Mund,
Und rief in Nacht und Verlassenheit!
Was rief sie nur! Weißt du es nicht?
Wie Liebe klang's. Kein Echo trug
Zu ihr zurück, zu ihr dies Wort.
War's Liebe? Weh, daß ich's vergaß!
Nur Nacht um mich und Verlassenheit,
Und meiner Seele Echo – der Wind!
Der höhnt und höhnt: O Narr! O Tor!

Die drei Teiche von Hellbrunn

Der erste

Um die Blumen taumelt das Fliegengeschmeiß
Um die bleichen Blumen auf dumpfer Flut,
Geh fort! Geh fort! Es brennt die Luft!
In der Tiefe glüht der Verwesung Glut!
Die Weide weint, das Schweigen starrt,
Auf den Wassern braut ein schwüler Dunst.
Geh fort! Geh fort! Dies ist der Ort
Für schwarzer Kröten ekle Brunst.

Der zweite

Bilder von Wolken, Blumen und Menschen –
Singe, singe, freudige Welt!
Lächelnde Unschuld spiegelt dich wider –
Himmlisch wird alles, was ihr gefällt:
Dunkles wandelt sie freundlich in Helle,
Fernes wird nah. O Freudiger du!
Sonne, Wolken, Blumen und Menschen
Atmen selige Gottesruh.

Der dritte 102

Die Wasser schimmern grünlich-blau
Und ruhig atmen die Zypressen,
Es tönt der Abend glockentief –
Da wächst die Tiefe unermessen.
Der Mond steigt auf, es blaut die Nacht,
Erblüht im Widerschein der Fluten –
Ein rätselvolles Sphinxgesicht,
Daran mein Herz sich will verbluten. 103

St.-Peters-Friedhof

Ringsum ist Felseneinsamkeit.
Des Todes bleiche Blumen schauern
Auf Gräbern, die im Dunkel trauern –
Doch diese Trauer hat kein Leid.

Der Himmel lächelt still herab
In diesen traumverschlossenen Garten,
Wo stille Pilger seiner warten.
Es wacht das Kreuz auf jedem Grab.

Die Kirche ragt wie ein Gebet
Vor einem Bilde ewiger Gnaden,
Manch Licht brennt unter den Arkaden,
Das stumm für arme Seelen fleht –

Indes die Bäume blüh'n zur Nacht,
Daß sich des Todes Antlitz hülle
In ihrer Schönheit schimmernde Fülle,
Die Tote tiefer träumen macht.

Ein Frühlingsabend

Ein Strauch voll Larven; Abendföhn im März;
Ein toller Hund läuft durch ein ödes Feld
Durchs braune Dorf des Priesters Glocke schellt;
Ein kahler Baum krümmt sich in schwarzem Schmerz.

Im Schatten alter Dächer blutet Mais;
O Süße, die der Spatzen Hunger stillt.
Durch das vergilbte Rohr bricht scheu ein Wild.
O Einsamstehn vor Wassern still und weiß.

Unsäglich ragt des Nußbaums Traumgestalt.
Den Freund erfreut der Knaben bäurisch Spiel.

Verfallene Hütten, abgelebt' Gefühl;
Die Wolken wandern tief und schwarz geballt.

In einem alten Garten

Resedaduft entschwebt im braunen Grün,
Geflimmer schauert auf den schönen Weiher,
Die Weiden stehn gehüllt in weiße Schleier
Darinnen Falter irre Kreise ziehn.

Verlassen sonnt sich die Terrasse dort,
Goldfische glitzern tief im Wasserspiegel,
Bisweilen schwimmen Wolken übern Hügel,
Und langsam gehn die Fremden wieder fort.

Die Lauben scheinen hell, da junge Frau'n
Am frühen Morgen hier vorbeigegangen,
Ihr Lachen blieb an kleinen Blättern hangen,
In goldenen Dünsten tanzt ein trunkener Faun.

Abendlicher Reigen

Asternfelder braun und blau,
Kinder spielen dort an Grüften,
In den abendlichen Lüften,
Hingehaucht in klaren Lüften
Hängen Möven silbergrau.
Hörnerschall hallt in der Au.

In der alten Schenke schrein
Toller auf verstimmte Geigen,
An den Fenstern rauscht ein Reigen,
Rauscht ein bunter Ringelreigen,
Rasend und berauscht von Wein.
Fröstelnd kommt die Nacht herein.

Lachen flattert auf, verweht,
Spöttisch klimpert eine Laute,
Leise eine stille Raute,
Eine schwermutvolle Raute
An der Schwelle niedergeht.
Klingklang! Eine Sichel mäht.

Traumhaft webt der Kerzen Schein,
Malt dies junge Fleisch verfallen,
Klingklang! Hörs im Nebel hallen,
Nach dem Takt der Geigen hallen,
Und vorbei tanzt nackt Gebein.
Lange schaut der Mond herein.

Nachtseele

Schweigsam stieg vom schwarzen Wald ein blaues Wild
Die Seele nieder,
Da es Nacht war, über moosige Stufen ein schneeiger Quell.

Blut und Waffengetümmel vergangner Zeiten
Rauscht im Föhrengrund.
Der Mond scheint leise in verfallene Zimmer,

Trunken von dunklen Giften, silberne Larve
Über den Schlummer der Hirten geneigt;
Haupt, das schweigend seine Sagen verlassen.

O, dann öffnet jener die langsamen Hände
Verwesend in purpurnem Schlaf
Und silbern erblühen die Blumen des Winters

Am Waldsaum, erstrahlen die finstern Wege
In die steinerne Stadt;
Öfter ruft aus schwarzer Schwermut das Käuzchen den Trunknen.

Traumland

Eine Episode

Manchmal muß ich wieder jener stillen Tage gedenken, die mir sind wie ein wundersames, glücklich verbrachtes Leben, das ich fraglos genießen konnte, gleich einem Geschenk aus gütigen, unbekannten Händen. Und jene kleine Stadt im Talesgrund ersteht da wieder in meiner Erinnerung mit ihrer breiten Hauptstraße, durch die sich eine lange Allee prachtvoller Lindenbäume hinzieht, mit ihren winkeligen Seitengassen, die erfüllt sind von heimlich schaffendem Leben kleiner Kaufleute und Handwerker und mit dem alten Stadtbrunnen mitten auf dem Platze, der im Sonnenschein so verträumt plätschert, und wo am Abend zum Rauschen des Wassers Liebesgeflüster klingt. Die Stadt aber scheint von vergangenem Leben zu träumen.

Und sanft geschwungene Hügel, über die sich feierliche, schweigsame Tannenwälder ausdehnen, schließen das Tal von der Außenwelt ab. Die Kuppen schmiegen sich weich an den fernen, lichten Himmel, und in dieser Berührung von Himmel und Erde scheint einem der Weltraum ein Teil der Heimat zu sein. Menschengestalten kommen mir auf einmal in den Sinn, und vor mir lebt wieder das Leben ihrer Vergangenheit auf, mit all' seinen kleinen Leiden und Freuden, die diese Menschen ohne Scheu einander anvertrauen durften.

Acht Wochen habe ich in dieser Entlegenheit verlebt; diese acht Wochen sind mir wie ein losgelöster, eigener Teil meines Lebens – ein Leben für sich – voll eines unsäglichen, jungen Glückes, voll einer starken Sehnsucht nach fernen, schönen Dingen. Hier empfing meine Knabenseele zum erstenmale den Eindruck eines großen Erlebens.

Ich sehe mich wieder als Schulbube in dem kleinen Haus mit einem kleinen Garten davor, das, etwas abgelegen von der Stadt, von Bäumen und Gesträuch beinahe ganz versteckt liegt. Dort bewohnte ich eine kleine Dachstube, die mit wunderlichen alten, verblaßten Bildern ausgeschmückt war, und manchen Abend habe ich hier verträumt in der Stille, und die Stille hat meine himmelhohen, närrisch-glücklichen Knabenträume liebevoll in sich aufgenommen und bewahrt und hat sie mir später noch oft genug wiedergebracht – in einsamen Dämmerstunden. Oft auch ging ich am Abend zu meinem alten Onkel hinunter, der beinahe den ganzen Tag bei seiner kranken Tochter Maria verbrachte. Dann saßen wir drei stundenlang schweigend beisammen. Der laue Abendwind wehte zum Fenster herein und trug allerlei verworrenes Geräusch an unser Ohr, das einem unbestimmte Traumbilder vorgaukelte. Und die Luft war voll von dem starken, berauschenden Duft der Rosen, die am Gartenzaune blühten. Langsam schlich die Nacht ins Zimmer und dann stand ich auf, sagte »Gute Nacht« und begab mich in meine Stube hinauf, um dort noch eine Stunde am Fenster in die Nacht hinaus zu träumen.

Anfangs fühlte ich in der Nähe der kleinen Kranken etwas wie eine angstvolle Beklemmung, die sich später in eine heilige, ehrfurchtsvolle Scheu vor diesem stummen, seltsam ergreifenden Leiden wandelte. Wenn ich sie sah, stieg in mir ein dunkles Gefühl auf, daß sie sterben werde müssen. Und dann fürchtete ich sie anzusehen.

Wenn ich tagsüber in den Wäldern herumstreifte, mich in der Einsamkeit und Stille so froh fühlte, wenn ich mich müde dann ins Moos streckte, und stundenlang in den lichten, flimmernden Himmel blickte, in den man so weit hineinsehen konnte, wenn ein seltsam tiefes Glücksgefühl mich dann berauschte, da kam mir plötzlich der Gedanke an die kranke Maria – und ich stand auf und irrte, von unerklärlichen Gedanken überwältigt, ziellos umher und fühlte in Kopf und Herz einen dumpfen Druck, daß ich weinen hätte mögen.

Und wenn ich am Abend manchmal durch die staubige Hauptstraße ging, die erfüllt war vom Dufte der blühenden Linden, und im Schatten der Bäume flüsternde Paare stehen sah; wenn ich sah, wie beim leise plätschernden Brunnen im Mondenschein zwei Menschen enge aneinander geschmiegt langsam dahinwandelten, als wären sie ein Wesen, und mich da ein ahnungsvoller heißer Schauer überlief, da kam die kranke Maria mir in den Sinn; dann überfiel mich eine leise Sehnsucht nach irgend etwas Unerklärlichem, und plötzlich sah ich mich mit ihr Arm in Arm die Straße hinab im Schatten der duftenden Linden lustwandeln. Und in Marias großen, dunklen Augen leuchtete ein seltsamer Schimmer, und der Mond ließ ihr schmales Gesichtchen noch blasser und durchsichtiger erscheinen. Dann flüchtete ich mich in meine Dachstube hinauf, lehnte mich ans Fenster, sah in den tiefdunklen Himmel hinauf, in dem die Sterne zu erlöschen schienen und hing stundenlang wirren, sinnverwirrenden Träumen nach, bis der Schlaf mich übermannte.

Und doch – und doch habe ich mit der kranken Maria keine zehn Worte gewechselt. Sie sprach nie. Nur stundenlang an ihrer Seite bin ich gesessen und habe in ihr krankes, leidendes Gesicht geblickt und immer wieder gefühlt, daß sie sterben müsse.

Im Garten habe ich im Gras gelegen und habe den Duft von tausend Blumen eingeatmet; mein Auge berauschte sich an den leuchtenden Farben der Blüten, über die das Sonnenlicht hinflutete, und auf die Stille in den Lüften habe ich gehorcht, die nur bisweilen unterbrochen wurde durch den Lockruf eines Vogels. Ich vernahm das Gären der fruchtbaren, schwülen Erde, dieses geheimnisvolle Geräusch des ewig schaffenden Lebens. Damals fühlte ich dunkel die Größe und Schönheit des Lebens. Damals auch los war mir, als gehörte das Leben mir. Da aber fiel mein Blick auf das Erkerfenster des Hauses. Dort sah ich die kranke Maria sitzen – still und unbeweglich, mit geschlossenen Augen. Und all' mein Sinnen wurde wieder angezogen von dem Leiden dieses einen Wesens, verblieb dort – ward zu einer schmerzlichen, nur scheu eingestandenen Sehnsucht, die mich rätselhaft und verwirrend dünkte. Und scheu, still verließ ich den Garten, als hätte ich kein Recht, in diesem Tempel zu verweilen.

Sooft ich da am Zaun vorüberkam, brach ich wie in Gedanken eine von den großen, leuchtendroten, duftschweren Rosen. Leise wollte ich dann am Fenster vorüberhuschen, als ich den zitternden, zarten Schatten von Marias Gestalt sich vom Kiesweg abheben sah. Und mein Schatten berührte den ihrigen wie in einer Umarmung. Da nun trat ich, wie von einem flüchtigen Gedanken erfaßt, zum Fenster und legte die Rose, die ich eben erst gebrochen, in Marias Schoß. Dann schlich ich lautlos davon, als fürchtete ich, ertappt zu werden.

Wie oft hat dieser kleine, mich so bedeutsam dünkende Vorgang sich wiederholt! Ich weiß es nicht. Mir ist es, als hätte ich der kranken Maria tausend Rosen in den Schoß gelegt, als hätten unsere Schatten sich unzählige Male umarmt. Nie hat Maria dieser Episode Erwähnung getan; aber gefühlt habe ich aus dem Schimmer ihrer großen leuchtenden Augen, daß sie darüber glücklich war.

Vielleicht waren diese Stunden, da wir zwei beisammen saßen und schweigend ein großes, ruhiges, tiefes Glück genossen, so schön, daß ich mir keine schöneren zu wünschen brauchte. Mein alter Onkel ließ uns still gewähren. Eines Tages aber, da ich mit ihm im Garten saß, inmitten all' der leuchtenden Blumen, über die verträumt große gelbe Schmetterlinge schwebten, sagte er zu mir mit einer leisen, gedankenvollen Stimme: »Deine Seele geht nach dem Leiden, mein Junge.« Und dabei legte er seine Hand auf mein Haupt und schien noch etwas sagen zu wollen. Aber er schwieg. Vielleicht wußte er auch nicht, was er dadurch in mir geweckt hatte und was seither mächtig in mir auflebte.

Eines Tages, da ich wiederum zum Fenster trat, an dem Maria wie gewöhnlich saß, sah ich, daß ihr Gesicht im Tode erbleicht und erstarrt war. Sonnenstrahlen huschten über ihre lichte, zarte Gestalt hin; ihr gelöstes Goldhaar flatterte im Wind, mir war, als hätte sie keine Krankheit dahingerafft, als wäre sie gestorben ohne sichtbare Ursache – ein Rätsel. Die letzte Rose habe ich ihr in die Hand gelegt, sie hat sie ins Grab genommen.

Bald nach dem Tode Marias reiste ich ab in die Großstadt. Aber die Erinnerung an jene stillen Tage voll Sonnenschein sind in mir lebendig geblieben, lebendiger vielleicht als die geräuschvolle Gegenwart. Die kleine Stadt im Talesgrund werde ich nie mehr wiedersehen – ja, ich trage Scheu, sie wieder aufzusuchen. Ich glaube, ich könnte es nicht, wenn mich auch manchmal eine starke Sehnsucht nach jenen ewig jungen Dingen der Vergangenheit überfällt. Denn ich weiß, ich würde nur vergeblich nach dem suchen, was spurlos dahingegangen ist; ich würde dort das nicht mehr finden, was nur in meiner Erinnerung noch lebendig ist – wie das Heute – und das wäre mir wohl nur eine unnütze Qual.

Aus goldenem Kelch. Barrabas

Eine Phantasie

Es geschah aber zur selbigen Stunde, da sie des Menschen Sohn hinausführten gen Golgatha, das da ist die Stätte, wo sie Räuber und Mörder hinrichten.

Es geschah zur selbigen hohen und glühenden Stunde, da er sein Werk vollendete.

Es geschah, daß zur selbigen Stunde eine große Menge Volks lärmend Jerusalems Straßen durchzog – und inmitten des Volkes schritt Barrabas, der Mörder, und trug sein Haupt trotzig hoch.

Und um ihn waren aufgeputzte Dirnen mit rotgemalten Lippen und geschminkten Gesichtern und haschten nach ihm. Und um ihn waren Männer, deren Augen trunken blickten von Wein und Lastern. In aller Reden aber lauerte die Sünde ihres Fleisches, und die Unzucht ihrer Geberden war der Ausdruck ihrer Gedanken.

Viele, die dem trunkenen Zuge begegneten, schlossen sich ihm an und riefen: »Es lebe Barrabas!« Und alle schrieen: »Barrabas lebe!« Jemand hatte auch »Hosiannah!« gerufen. Den aber schlugen sie – denn erst vor wenigen Tagen hatten sie Einem »Hosiannah!« zugerufen, der da in die Stadt gezogen kam als ein König, und hatten frische Palmenzweige auf seinen Weg gestreut. Heute aber streuten sie rote Rosen und jauchzten: »Barrabas!«

Und da sie an einem Palaste vorbeikamen, hörten sie drinnen Saitenspiel und Gelächter und den Lärm eines großen Gelages. Und aus dem Haus trat ein junger Mensch in reichem Festgewand. Und sein Haar glänzte von wohlriechenden Ölen und sein Körper duftete von den kostbarsten Essenzen Arabiens. Sein Auge leuchtete von den Freuden des Gelages und das Lächeln seines Mundes war geil von den Küssen seiner Geliebten. Als der Jüngling Barrabam erkannte, trat er vor und sprach also:

»Tritt ein in mein Haus, o Barrabas, und auf meinen weichsten Kissen sollst du ruhen; tritt ein, o Barrabas, und meine Dienerinnen sollen deinen Leib mit den kostbarsten Narden salben. Dir zu Füßen soll ein Mädchen auf der Laute seine süßesten Weisen spielen und aus meinem kostbarsten Becher will ich dir meinen glühendsten Wein darreichen. Und in den Wein will ich die herrlichste meiner Perlen werfen. O Barrabas, sei mein Gast für heute – und meinem Gast gehört für diesen Tag meine Geliebte, die schöner ist als die Morgenröte im Frühling.

Tritt ein, Barrabas, und kränze dein Haupt mit Rosen, freu' dich dieses Tages, da jener stirbt, dem sie Dornen aufs Haupt gesetzt.«

Und da der Jüngling so gesprochen, jauchzte ihm das Volk zu und Barrabas stieg die Marmorstufen empor, gleich einem Sieger. Und der Jüngling nahm die Rosen, die sein Haupt bekränzten, und legte sie um die Schlafen des Mörders Barrabas. Dann trat er mit ihm in das Haus, derweil das Volk auf den Straßen jauchzte. Auf weichen Kissen ruhte Barrabas; Dienerinnen salbten seinen Leib mit den köstlichsten Narden und zu seinen Füßen tönte das liebliche Saitenspiel eines Mädchens und auf seinem Schoß saß des Jünglings Geliebte, die schöner war denn die Morgenröte im Frühling. Und Lachen tönte – und an unerhörten Freuden berauschten sich die Gäste, die sie alle waren des Einzigen Feinde und Verächter – Pharisäer und Knechte der Priester. Einer Stunde gebot der Jüngling Schweigen, und aller Lärm verstummte.

Da nun füllte der Jüngling seinen goldenen Becher mit dem köstlichsten Wein, und in dem Gefäß ward der Wein wie glühendes Blut. Eine Perle warf er hinein und reichte den Becher Barrabas dar. Der Jüngling aber griff nach einem Becher von Kristall und trank Barrabas zu:

»Der Nazarener ist tot! Es lebe Barrabas!«

Und alle im Saale jauchzten:

»Der Nazarener ist tot! Es lebe Barrabas!«

Und das Volk in den Straßen schrie:

»Der Nazarener ist tot! Es lebe Barrabas!«

Plötzlich aber erlosch die Sonne, die Erde erbebte in ihren Grundfesten und ein ungeheures Grauen ging durch die Welt. Und die Kreatur erzitterte. Zur selbigen Stunde ward das Werk der Erlösung vollbracht!

Aus goldenem Kelch.
Maria Magdalena

Ein Dialog

Vor den Toren der Stadt Jerusalem. Es wird Abend.

AGATHON. Es ist Zeit, in die Stadt zurückzukehren. Die Sonne ist untergegangen und über der Stadt dämmert es schon. Es ist sehr still geworden. – Doch was antwortest du nicht, Marcellus; was blickst du so abwesend in die Ferne?

MARCELLUS. Ich habe daran gedacht, daß dort in der Ferne das Meer die Ufer dieses Landes bespült; daran habe ich gedacht, daß jenseits des Meeres das ewige, göttergleiche Rom sich zu den Gestirnen erhebt, wo kein Tag eines Festes entbehrt. Und ich bin hier in fremder Erde. An alles das habe ich gedacht. Doch ich vergaß. Es ist wohl Zeit, daß du in die Stadt zurückkehrst. Es dämmert. Und zur Zeit der Dämmerung harrt ein Mädchen vor den Toren der Stadt Agathons. Laß sie nicht warten, Agathon, laß sie nicht warten, deine Geliebte. Ich sage dir, die Frauen dieses Landes sind sehr sonderbar; ich weiß, sie sind voller Rätsel. Laß sie nicht warten, deine Geliebte; denn man weiß nie, was geschehen kann. In einem Augenblick kann Furchtbares geschehen. Man sollte den Augenblick nie versäumen.

AGATHON. Warum sprichst du so zu mir?

MARCELLUS. Ich meine, wenn sie schön ist, deine Geliebte, sollst du sie nicht warten lassen. Ich sage dir, ein schönes Weib ist etwas ewig Unerklärliches. Die Schönheit des Weibes ist ein Rätsel. Man durchschaut sie nicht. Man weiß nie, was ein schönes Weib sein kann, was sie zu tun gezwungen ist. Das ist es, Agathon! Ach du – ich kannte eine. Ich kannte eine, ich sah Dinge geschehen, die ich nie ergründen werde. Kein Mensch würde sie ergründen können. Wir schauen nie den Grund der Geschehnisse.

AGATHON. Was sahst du geschehen? Ich bitte dich, erzähle mir mehr davon!

MARCELLUS. So gehen wir. Vielleicht ist eine Stunde gekommen, da ich es sagen werde können, ohne vor meinen eigenen Worten und Gedanken erschaudern zu müssen. (Sie gehen langsam den Weg nach Jerusalem zurück. Es ist Stille um sie.)

MARCELLUS. Es ging vor sich in einer glühenden Sommernacht, da in der Luft das Fieber lauert und Mond die Sinne verwirrt. Da sah ich sie. Es war in einer kleinen Schenke. Sie tanzte dort, tanzte mit nackten Füßen auf einem kostbaren Teppich. Niemals sah ich ein Weib schöner tanzen, nie berauschter; der Rhythmus ihres Körpers ließ mich seltsam dunkle Traumbilder schauen, daß heiße Fieberschauer meinen Körper durchbebten. Mir war, als spiele dieses Weib im Tanz mit unsichtbaren, köstlichen, heimlichen Dingen, als umarmte sie göttergleiche Wesen, die niemand sah, als küßte sie rote Lippen, die sich verlangend den ihren neigten; ihre Bewegungen waren die höchster Lust; es schien, als würde sie von Liebkosungen überschüttet. Sie schien Dinge zu sehen, die wir nicht sahen und spielte mit ihnen im Tanze, genoß sie in unerhörten Verzückungen ihres Körpers. Vielleicht hob sie ihren Mund zu köstlichen, süßen Früchten und schlürfte feurigen Wein, wenn sie ihren Kopf zurückwarf und ihr Blick verlangend nach oben gerichtet war. Nein! Ich habe das nicht begriffen, und doch war alles seltsam lebendig – es war da. Und sank dann hüllenlos, nur von ihren Haaren überflutet, zu unseren Füßen nieder. Es war, als hätte sich die Nacht in ihrem Haar zu einem schwarzen Knäuel zusammengeballt und entrückte sie uns. Sie aber gab sich hin, gab ihren herrlichen Leib hin, gab ihn einem jeden, der ihn haben wollte, hin. Ich sah sie Bettler und Gemeine, sah sie Fürsten und Könige lieben. Sie war die herrlichste Hetäre. Ihr Leib war ein köstliches Gefäß der Freude, wie es die Welt nicht schöner sah. Ihr Leben gehörte der Freude allein. Ich sah sie bei Gelagen tanzen und ihr Leib wurde von Rosen überschüttet. Sie aber stand inmitten leuchtender Rosen wie eine eben aufgeblühte, einzig schöne Blume. Und ich sah sie die Statue des Dionysos mit Blumenkränzen, sah sie den kalten Marmor umarmen, wie sie ihre Geliebten umarmte, sie erstickte mit ihren brennenden, fiebernden Küssen. – – Und da kam einer, der ging vorbei, wortlos, ohne Geberde, und war gekleidet in ein härenes Gewand, und Staub war auf seinen Füßen. Der ging vorbei und sah sie an – und war vorüber. Sie aber blickte nach Ihm, erstarrte in ihrer Bewegung – und ging, ging, und folgte jenem seltsamen Propheten, der sie vielleicht mit den Augen gerufen hatte, folgte Seinem Ruf und sank zu Seinen Füßen nieder. Erniedrigte sich vor Ihm – und sah zu Ihm auf wie zu einem Gott; diente Ihm, wie Ihm die Männer dienten, die um Ihn waren.

AGATHON. Du bist noch nicht zu Ende. Ich fühle, du willst noch etwas sagen.

MARCELLUS. Mehr weiß ich nicht. Nein! Aber eines Tages erfuhr ich, daß sie jenen sonderlichen Propheten ans Kreuz schlagen wollten. Ich erfuhr es von unserem Statthalter Pilatus. Und da wollte ich hinausgehen nach Golgatha, wollte Jenen sehen, wollte Ihn sterben sehen. Vielleicht wäre mir ein rätselhaftes Geschehnis offenbar geworden. In Seine Augen wollte ich blicken; Seine Augen würden vielleicht zu mir gesprochen haben. Ich glaube, sie hätten gesprochen.

AGATHON. Und du gingst nicht!

MARCELLUS. Ich war auf dem Wege dahin. Aber ich kehrte um. Denn ich fühlte, ich würde jene draußen treffen, auf den Knien vor dem Kreuz, zu Ihm beten, auf das Fliehen Seines Lebens lauschend. In Verzückung. Und da kehrte ich wieder um. Und in mir ist es dunkel geblieben.

AGATHON. Doch jener Seltsame? – Nein, wir wollen nicht davon sprechen!

MARCELLUS. Laß uns darüber schweigen, Agathon! Wir können nichts anderes tun. – Sieh nur, Agathon, wie es in den Wolken seltsam dunkel glüht. Man könnte meinen, daß hinter den Wolken ein Ozean von Flammen loderte. Ein göttliches Feuer! Und der Himmel ist wie eine blaue Glocke. Es ist, als ob man sie tönen hörte, in tiefen, feierlichen Tönen. Man könnte sogar vermuten, daß dort oben in den unerreichbaren Höhen etwas vorgeht, wovon man nie etwas wissen wird. Aber ahnen kann man es manchmal, wenn auf die Erde die große Stille herabgestiegen ist. Und doch! Alles das ist sehr verwirrend. Die Götter lieben es, uns Menschen unlösbare Rätsel aufzugeben. Die Erde aber rettet uns nicht vor der Arglist der Götter; denn auch sie ist voll des Sinnbetörenden. Mich verwirren die Dinge und die Menschen.

117

Gewiß! Die Dinge sind sehr schweigsam! Und die Menschenseele gibt ihre Rätsel nicht preis. Wenn man fragt, so schweigt sie.

AGATHON. Wir wollen leben und nicht fragen. Das Leben ist voll des Schönen.

MARCELLUS. Wir werden vieles nie wissen. Ja! Und deshalb wäre es wünschenswert, das zu vergessen, was wir wissen. Genug davon! Wir sind bald am Ziel. Sieh nur, wie verlassen die Straßen sind. Man sieht keinen Menschen mehr. (Ein Wind erhebt sich.) Es ist dies eine Stimme, die uns sagt, daß wir zu den Gestirnen aufblicken sollen. Und schweigen.

AGATHON. Marcellus, sieh, wie hoch das Getreide auf den Äckern steht. Jeder Halm beugt sich zur Erde – früchte – schwer. Es werden herrliche Erntetage sein.

MARCELLUS. Ja! Festtage! Festtage, mein Agathon!

AGATHON. Ich gehe mit Rahel durch die Felder, durch die früchteschweren, gesegneten Äcker! O du herrliches Leben!

MARCELLUS. Du hast recht! Freue dich deiner Jugend. Jugend allein ist Schönheit! Mir geziemt es, im Dunkel zu wandern. Doch hier trennen sich unsere Wege. Deiner harrt die Geliebte, meiner – das Schweigen der Nacht! Leb' wohl, Agathon! Es wird eine herrlich schöne Nacht sein. Man kann lange im Freien bleiben.

118 AGATHON. Und kann zu den Gestirnen emporblicken – zur großen Gelassenheit. Ich will fröhlich meiner Wege gehen und die Schönheit preisen. So ehrt man sich und die Götter.

MARCELLUS. Tu, wie du sagst, und du tust recht! Leb' wohl, Agathon!

AGATHON (nachdenklich). Nur eines will ich dich noch fragen. Du sollst nichts dabei denken, daß ich dich darnach frage. Wie hieß doch jener seltsame Prophet? Sag'!

MARCELLUS. Was nützt es dir, das zu wissen! Ich vergaß seinen Namen. Doch nein! Ich erinnere mich. Ich erinnere mich. Er hieß Jesus und war aus Nazareth!

AGATHON. Ich danke dir! Leb' wohl! Die Götter mögen dir wohlgesinnt sein, Marcellus! (Er geht.)

MARCELLUS (in Gedanken verloren). Jesus! – Jesus! Und war aus Nazareth. (Er geht langsam und gedankenvoll seiner Wege. Es 119 ist Nacht geworden und am Himmel leuchten unzählige Sterne.)

Verlassenheit

1

Nichts unterbricht mehr das Schweigen der Verlassenheit. Über den dunklen, uralten Gipfeln der Bäume ziehn die Wolken hin und spiegeln sich in den grünlich-blauen Wassern des Teiches, der abgründlich scheint. Und unbeweglich, wie in trauervolle Ergebenheit versunken, ruht die Oberfläche – tagein, tagaus. Inmitten des schweigsamen Teiches ragt das Schloß zu den Wolken empor mit spitzen, zerschlissenen Türmen und Dächern. Unkraut wuchert über die schwarzen, geborstenen Mauern, und an den runden, blinden Fenstern prallt das Sonnenlicht ab. In den düsteren, dunklen Höfen fliegen Tauben umher und suchen sich in den Ritzen des Gemäuers ein Versteck. Sie scheinen immer etwas zu befürchten, denn sie fliegen scheu und hastend an den Fenstern hin. Drunten im Hof plätschert die Fontäne leise und fein. Aus bronzener Brunnenschale trinken dann und wann die dürstenden Tauben. Durch die schmalen, verstaubten Gänge des Schlosses streift manchmal 119 ein dumpfer Fieberhauch, daß die Fledermäuse erschreckt aufflattern. Sonst stört nichts die tiefe Ruhe.

Die Gemächer aber sind schwarz verstaubt! Hoch und kahl und frostig und voll erstorbener Gegenstände. Durch die blinden Fenster kommt bisweilen ein kleiner, winziger Schein, den das Dunkel wieder aufsaugt. Hier ist die Vergangenheit gestorben.

Hier ist sie eines Tages erstarrt in einer einzigen, verzerrten Rose. An ihrer Wesenlosigkeit geht die Zeit achtlos vorüber.

Und alles durchdringt das Schweigen der Verlassenheit.

2

Niemand vermag mehr in den Park einzudringen. Die Äste der Bäume halten sich tausendfach umschlungen, der ganze Park ist nur mehr ein einziges, gigantisches Lebewesen.

Und ewige Nacht lastet unter dem riesigen Blätterdach. Und tiefes Schweigen! Und die Luft ist durchtränkt von Vermoderungsdünsten!

Manchmal aber erwacht der Park aus schweren Träumen. Dann strömt er ein Erinnern aus an kühle Sternennächte, an tief verborgene heimliche Stellen, da er fiebernde Küsse und Umarmungen belauschte, an Sommernächte, voll glühender Pracht und Herrlichkeit, da der Mond wirre Bilder auf den schwarzen Grund zauberte, an Menschen, die zierlich galant, voll rhythmischer Bewegungen unter seinem Blätterdache dahinwandelten, die sich süße, verrückte Worte zuraunten, mit feinem verheißenden Lächeln.

Und dann versinkt der Park wieder in seinen Todesschlaf.

Auf den Wassern wiegen sich die Schatten von Blutbuchen und Tannen und aus der Tiefe des Teiches kommt ein dumpfes, trauriges Murmeln.

Schwäne ziehen durch die glänzenden Fluten, langsam, unbeweglich, starr ihre schlanken Hälse emporrichtend. Sie ziehen dahin! Rund um das erstorbene Schloß! Tagein! tagaus!

Bleiche Lilien stehn am Rande des Teiches mitten unter grellfarbigen Gräsern. Und ihre Schatten im Wasser sind bleicher als sie selbst. Und wenn die einen dahinsterben, kommen andere aus der Tiefe. Und sie sind wie kleine, tote Frauenhände.

Große Fische umschwimmen neugierig, mit starren, glasigen Augen die bleichen Blumen, und tauchen dann wieder in die Tiefe – lautlos!

Und alles durchdringt das Schweigen der Verlassenheit.

3

Und droben in einem rissigen Turmgemach sitzt der Graf. Tagein, tagaus. Er sieht den Wolken nach, die über den Gipfeln der Bäume hinziehen, leuchtend und rein. Er sieht es gern, wenn die Sonne in den Wolken glüht, am Abend, da sie untersinkt. Er horcht auf die Geräusche in den Höhen: auf den Schrei eines Vogels, der am Turm vorbeifliegt oder auf das tönende Brausen des Windes, wenn er das Schloß umfegt.

Er sieht wie der Park schläft, dumpf und schwer, und sieht die Schwäne durch die glitzernden Fluten ziehn – die das Schloß umschwimmen. Tagein! Tagaus!

Und die Wasser schimmern grünlich-blau. In den Wassern aber spiegeln sich die Wolken, die über das Schloß hinziehen; und ihre Schatten in den Fluten leuchten strahlend und rein, wie sie selbst. Die Wasserlilien winken ihm zu, wie kleine, tote Frauenhände, und wiegen sich nach den leisen Tönen des Windes, traurig träumerisch.

Auf alles, was ihn da sterbend umgibt, blickt der arme Graf, wie ein kleines, irres Kind, über dem ein Verhängnis steht, und das nicht mehr Kraft hat, zu leben, das dahinschwindet, gleich einem Vormittagsschatten. Er horcht nur mehr auf die kleine, traurige Melodie seiner Seele: Vergangenheit!

Wenn es Abend wird, zündet er seine alte, verrußte Lampe an und liest in mächtigen, vergilbten Büchern von der Vergangenheit Größe und Herrlichkeit. Er liest mit fieberndem, tönendem Herzen, bis die Gegenwart, der er nicht angehört, versinkt. Und die Schatten der Vergangenheit steigen herauf – riesengroß. Und er lebt das Leben, das herrlich schöne Leben seiner Väter.

In Nächten, da der Sturm um den Turm jagt, daß die Mauern in ihren Grundfesten dröhnen und die Vögel angstvoll vor seinem Fenster kreischen, überkommt den Grafen eine namenlose Traurigkeit.

Auf seiner jahrhundertalten, müden Seele lastet das Verhängnis. Und er drückt das Gesicht an das Fenster und sieht in die Nacht hinaus. Und da erscheint ihm alles riesengroß traumhaft, gespensterlich! Und schrecklich. Durch das Schloß hört er den Sturm rasen, als wollte er alles Tote hinausfegen und in Lüfte zerstreuen. Doch wenn das verworrene Trugbild der Nacht dahinsinkt wie ein heraufbeschworener Schatten – durchdringt alles wieder das Schweigen der Verlassenheit.

Biographie

1887 *3. Februar:* Georg Trakl wird in Salzburg als fünftes Kind des Eisenhändlers Tobias Trakl und seiner Frau Maria Catharina, geb. Halik, geboren. Das Elternhaus ist liberal, sowie kunst- und musikliebend, die Familie führt ein großbürgerliches Leben.

1892 *September:* Eintritt in die Übungsschule der katholischen Lehrerbildungsanstalt in Salzburg.
Beginn der lebenslangen Freundschaft mit dem zwei Jahre jüngeren Erhard Buschbeck.

1897 *Herbst:* Trakl tritt in das k. k. Staatsgymnasium ein (bis 1905).
Erste lyrische Versuche.
Gegen Ende der Schulzeit beginnt er mit Drogen zu experimentieren.
Noch während seiner Gymnasialzeit wird Trakl Mitglied des Dichterzirkels »Apollo«, der später in »Minerva« umbenannt wird.

1905 *September:* Trakl verläßt das Gymnasium, nachdem er nach der 7. Klasse nicht versetzt wird.
Beginn eines dreijährigen Pharmaziepraktikums in der Apotheke »Zum weißen Engel«.

1906 *31. März:* Im Salzburger Stadttheater wird Trakls »Totentag. Dramatisches Stimmungsbild in einem Akt« uraufgeführt (nicht erhalten).
Mai: Mit »Traumland. Eine Episode« wird im »Salzburger Volksblatt« zum ersten Mal ein Prosatext Trakls gedruckt.
Juni: »Aus Goldenem Kelch: Barrabas. Eine Phantasie« erscheint im »Salzburger Volksblatt«.
Juli: Das »Salzburger Volksblatt« druckt Trakls »Aus goldenem Kelch: Maria Magdalene. Ein Dialog«.
15. September: Uraufführung von »Fata Morgana. Tragische Szene« am Stadttheater Salzburg (nicht erhalten).
Dezember: Die Prosaskizze »Verlassenheit« erscheint in der «Salzburger Zeitung«.

1908 *April:* Erstdruck des Gedichts »Morgenlied« im »Salzburger Volksblatt«.

September: Abschluß des Pharmaziepraktikums.

Oktober: Trakl immatrikuliert sich an der Universität Wien zum Studium der Pharmazie.

1909 Trakl legt die Vorprüfungen in Physik, Botanik und Chemie ab.

Herbst: Er stellt eine Sammlung seiner frühen Gedichte zusammen, die sein Freund Buschbeck erst 1939 unter dem Titel »Aus Goldenem Kelch« veröffentlicht.

Einige Gedichte erscheinen im »Neuen Wiener Journal«.

Dezember: Trakl verbringt die Weihnachtsferien in Salzburg.

1910 *Februar:* »Blaubart. Ein Puppenspiel« entsteht (gedruckt als Fragment in der zweiten Auflage von »Aus goldenem Kelch« 1951).

Juni: Tod des Vaters.

Sommer: Examen in Pharmazie, Erwerb des Magistergrades.

Oktober: Beginn des freiwilligen Militärdienstes in der Sanitätsabteilung in Wien (bis September 1911).

1911 *Herbst:* Rückkehr nach Salzburg.

Oktober: In der Apotheke »Zum weißen Engel« tritt Trakl eine Stelle als Rezeptarius an.

Dezember: Trakl wird zum nichtaktiven Landwehrmedikamentenakzessisten ernannt. Er beendet seine Tätigkeit in der Apotheke und beantragt seine Aktivierung als Militärapotheker.

1912 *März:* Trakl wird zum Probedienst nach Innsbruck einberufen.

April: Antritt der Stelle in Innsbruck.

Mai: In der Halbmonatszeitschrift »Der Brenner« erscheint das Gedicht »Vorstadt im Föhn«.

Bekanntschaft mit dem Herausgeber des »Brenner«, Ludwig von Ficker, der von nun an regelmäßig Gedichte von Trakl veröffentlicht.

Oktober: Nach Abschluß der Probezeit wird Trakl Militärmedikamentenbeamter.

Im »Brenner« erscheint Trakls Gedicht »Psalm«.

Herbst: Arbeiten für die geplante Gedichtsammlung »Sebastian im Traum«, deren Veröffentlichung Buschbeck für Trakl organisiert (erscheint postum 1915).

Dezember: Trakl tritt in Wien eine Stelle als Rechnungspraktikant im Ministerium für öffentliche Arbeiten an.

1913 *Januar:* Trakl beantragt seine Entlassung aus der Praktikantenstelle.

»Gedichte«.

Juli: Antritt einer unbezahlten Stelle als Rechnungspraktikant im Kriegministerium. Im gleichen Monat meldet er sich krank.

August: Reise nach Venedig mit Karl Kraus und Adolf Loos. In Venedig Treffen mit Ludwig von Ficker.

Oktober: Im »Brenner« erscheint »Verwandlung des Bösen«.

Herbst: Aufenthalt in Innsbruck bei Ficker.

November: Rückkehr nach Wien.

Dezember: Bei einem der »Brenner«-Abende in Innsbruck liest Trakl aus seinen Gedichten.

1914 *Januar:* Erstdruck von »Winternacht« im »Brenner«.

Februar: »Traum und Umnachtung« erscheint im »Brenner«.

März: Reise nach Berlin zur Schwester Margarethe. Bekanntschaft mit Else Lasker-Schüler.

Frühjahr: Trakl arbeitet an einem Drama (gedruckt als »Dramenfragment« in der zweiten Auflage von »Aus goldenem Kelch« 1951).

April: Theodor Däubler besucht Trakl in Innsbruck.

Mai: Reise an den Gardasee mit Ficker. Besuch auf der Hohenburg.

Juli: Trakl erhält von Ficker 20 000 Kronen aus einer Schenkung Ludwig Wittgensteins an den »Brenner« zur Unterstützung bedürftiger Künstler.

August: Trakl meldet sich nach Ausbruch des Krieges als Freiwilliger zur Armee.

September: Einsatz von Trakls Einheit in der Schlacht von Grodek. Selbstmordversuch Trakls.

Oktober: Trakl wird zur Beobachtung in das Garnisons-
spital nach Krakau gebracht.
Ficker besucht ihn im Spital.
3. November: Trakl stirbt an einer Überdosis Kokain in
Krakau.